日本哲学原論序説

拡散する京都学派

Tatsuya Higaki
檜垣立哉

人文書院

日本哲学原論序説　目次

第I部　西田と京都学派

日本は大陸島なのか無人島なのか

日本哲学原論序説——拡散する京都学派

第Ⅰ部　西田と京都学派

第一章　西田幾多郎と日本哲学
――水平性と垂直性の交錯

西田幾多郎を、日本哲学を描く試みの中心におくのは、あまりにオーソドックスな手法であるかもしれない。西田がその軸をなす京都学派の「政治性」についても、また京都学派が日本の思想の「唯一の」中心であるかのように描かれつづけてきたことにも、さまざまな異論があることはわかる。だがそれでもわたしは、西田幾多郎がみていたものは、「哲学」という、そもそもギリシアに由来し、一六―一七世紀以降おおきく英仏独で展開された学問の、日本的なヴァージョンの祖型たりうると考えるのである。

そこではおもに二つのことを押さえなければならない。

ひとつは西田の思考が、類例をみないほどに世界同時的なものだということにある。逆説的であるが、西田の思考そのものから「日本」なるものの本質性をとりだそうとしても、それはきわめて難しい。有名な「述語論理」や「場所」に、あるいは「無」に、東洋的な観念をみいだすことはいくらでも可能だろう。また西田ののべる「純粋経験」に、彼自身の参禅の体験をかさねることも、それ自身は間違いではない。

だが西田のテクストを読むときにはっきり浮きあがってくるのは、西洋的な硬質の論理性であり、あくまでも自己の方針を徹底的に追究する姿勢である。西田の議論は、新カント派、プラグマティズム、生の哲学を根本的な下敷きにし、同時に同世代の物理学や生物学や数学への目配りを怠ることなく形成されている。ほかの場所でも記したことがあるが、西田は、生涯外国を訪れることはなく、語学力においても以降の留学世代にくらべればやはり見劣りするであろうにもかかわらず、その思想は、いわば天才的直観の閃きのように世界同時性を視界にいれてしまう。まさに思想の「骨」をとらえぬき、自己の思想をうちたてているのである。

プラグマティストのウィリアム・ジェームズとの関連が、『善の研究』では明確であること、そこでの「純粋経験」がアンリ・ベルクソンの「純粋持続」にきわめて近接した概念であること、『自覚に於ける直観と反省』での「微分」の議論がそもそもヘルマン・コーエンらの「新カント派」を経由したものであること、「絶対無」がさまざまなヨーロッパ的神秘主義思想とむすびつきをもつこと、後期の「プラクシス」や「行為的直観」の議論が、G・W・F・ヘーゲルやゴットフリート・ライプニッツを念頭におくと同時に、同世代の生物学とかかわりがあること、そこでの「絶対矛盾的自己同一」などの形而上学的ヴィジョンが、アルフレード・N・ホワイトヘッドの思考などとも親近性をもつこと。これらの事情だけをとっても、西田を「日本の思想」としてだけとらえるのはおおきな誤りであることがわかる。確かに彼は日本語で呻吟し、ヨーロッパの思想を、日本語で表現するという殆ど不可能な事態をなしとげた。しかしながら、彼の議論をモザイクのように形成しているのは、きわめて同時代的な西洋の思考であり、また科学であったことは疑いえないのである。

だがもうひとつとして、それでも彼は、「日本哲学」を構想する際に、やはりその中心におかれるべきであるといわなければならない。何故なのか。西田は、いわば同時代思想のパッチワークのような作業のなかで、「純粋経験」、「自覚」、「場所」、「絶対無」、「ポイエシス」、「行為的直観」、「絶対矛盾的自己同一」と、いわば手品のようにそのキータームを展開していった。そこで彼が「日本哲学」をくみたてていったのはどのようなあり方によってなのだろうか。

わたしは、西田の議論において一貫して流れている、水平性と垂直性との交錯を、そこでの軸として設定することにしたい。そして、水平的な事象への接近を、つねに垂直的な深化において論じつつ、しかしその両者を、まさに矛盾の交錯としてあつかう姿勢に、西田の本質的な特徴をみてとりたいのである。こうした垂直性に対抗したり（田邊元）、そのあり方を「あいだ」と規定したり（和辻哲郎）、垂直の機制の方向の底にある種の永劫回帰と形而上学的偶然をみてとったり（九鬼周造）、さらにはこの交錯の一点に、構想力としてのポイエシス論をおいたりする（三木清）ことが、日本の哲学の根幹を形成してきたといえるのではないだろうか。このような流れは、西田とは一見するとかかわりなく（あるいは、思想的流派や政治性からみれば対極にあるような）大森荘蔵や廣松渉がとりあげる「こと」の哲学のなかにも、密かに響きわたっているとさえ考えるのである。

では、こうした水平性と垂直性の交錯の局面とは具体的には何であろうか。さしあたり西田の中期の議論からとりだされる「永遠の今」に、その重要な位相がみてとられると考えたい。この議論は、まさに木村敏が「イントラ・フェストゥム」として重視する「現前の過剰」に、きわめて強く呼応することになる。この位相において水平性と垂直性を同時共存的にひきたてたことが、当時の世界的な連関のなかにある西田が日本の哲学をつくりあげることに貢献した、もっとも重要な主題であるととらえたいのである。

無の自覚という位相

西田自身の思想から論じてみよう。

先にもあげたように、西田の思想は、最初期の「純粋経験」から「自覚」へ、そして中期の「場所」や「絶対無」、そして後期の「行為的直観」や「絶対矛盾的自己同一」にいたるまで、さまざまな紆余曲折を経るものである。その要因としては、田邊の批判や、マルキシズムへの対応（歴史性への視界）など、それぞれの時代の情勢もあるだろうが、おおきくいえば上記の行程は、西田の思想の内在的進展に対応するものでもある。そして、それぞれの時期の西田のキータームのいずれをも範型として、西田の思考総体をとらえることは、もちろん可能である。

だがここでは、西田の思想のハイライトを、中期の終わり、著作でいえば『無の自覚的限定』に設定してみたい。そこで、水平性と垂直性の交錯にかかわる西田の思考の核が、もっとも凝縮されて提示されているようにみえるからである。

段階を追って記述してみよう。

西田といえば、最初期の「純粋経験」という術語がまず念頭に浮かぶだろう。「主客未分化」のありのままの経験として示されるこの概念が、あくまでも主体性の哲学、そしてさらにいえば「主語」の哲学であるヨーロッパ思想に対峙するものであり、その独自のあり方を提示したといわれることは数おおい。和辻の「あいだ」にせよ、廣松の「こと」にせよ、おおよそ自他・主客二元論的な事態の克服が、日本哲学の課題であるととらえる向きはきわめて優勢的である。

確かに「個人あって経験あるにあらず、経験あって個人あるのである」[1]という西田の言明は、広く独我論からの解放としてうけとられるように、ある種の観念論的な閉塞を関係性の場面に開くものである。しかし西田自身、この概念のプラグマティズムやベルクソンとの類縁性を語るように、それは日本的であるというよりもむしろ西洋近代批判的であるという意味で、繰り返すが世界同時性をおびたものである（廣松における思考の発端が、「感覚一元論」をとなえたエルンスト・マッハにあることも、このことをよく示している）。そして正直にいえば、確かに西田の思想の原像を形成するとはいえ、西田自身が必ずしも、「純粋経験」の立場に満足しているわけではないのである。

それは西田が、「自覚」をキータームにおくことで、こうした「純粋経験」からの「自己」の差異化に、まさに「悪戦苦闘」しつつとりくんだことからもわかる[2]。

「純粋経験」とは、いわば主体と客体の区分がいまだない、すべてが流れゆく経験そのものの世

（1）『西田幾多郎全集　第一巻』岩波書店、六―七頁。以下、本書で使用する西田全集は二〇〇二―〇九年版にもとづく。

界である。いってみればこの位相とは、水平的に自己とものとが、あるいは自己と他者とがむすびつき、しかるのちにそこから自己やものが切りだされてくる場面のことである。だが、この経験をとりだすだけでは十分ではない。『善の研究』の弱点は、最終的には神という超越的な位相を導入しながらも、基本的にはそこで、水平に押し拡がった無限を平板な「全体性」という概念でとらえてしまうことにある（それでは神の超越性は無限の拡がりの極限でしかなく、個々の経験との位相差は不明なままである）(3)。西田自身は、こうした立場からすぐに脱していく。それが「自覚」の議論である。

「自覚」においては、とりわけ新カント派のコーエンに依拠した「微分」の導入が重要である。それは、「純粋経験」の位相のなかであくまでも潜在的なものとして進展しながらすべてがとどまっている事態から、自己なるものが自己限定＝微分化＝差異化されてくるプロセスの具体性が論じられるからである。これは、水平的な主客未分化に対し、いわば横あいに切れ目をいれる行為とみなしうるだろう。だがそこで、水平性に対して差異化を可能にするものとは何なのだろうか。そして、そこでの差異化自身はどのように描きうるのか。そのとき、「純粋経験」がたんなる水平性ではなく、それ自身を分断させるような力を、つまりは「自覚」という「差異化」を可能にする力を、垂直的な位相からうけとっていることがはっきりする。

ついで論じられるのは「場所」の議論である。

「場所」とは、「純粋経験」という水平的位相が、垂直的な重層性を多数的にそなえ、それぞれの段階で、前段階のものを「包む」あり方を示している。そこでは、「包むもの」「於てある場所」という表現がきわめて重要なものとなる。

こうした位相とは、やはり新カント派的に、判断的、対象的（ノエマ的なもの）、自覚的（ノエシス的なもの）、叡智的、等々と、さまざまに区分されて、それぞれの一般者や自己性において語られるのだが[4]、こうした重層性を考究しながら、西田は垂直性の深みにまさに突入していくことになる。

この点について、以下の二つのことに着目してみよう。

ひとつは、そこで西田が、おおきくいえば、ノエマ的な位相とノエシス的な位相として、「場所」の二面を切りわけていることである。

一般的にノエマとノエシスという表現を使うのであれば、フッサールの超越論的現象学との連関が容易におもい浮かべられるだろう。そのこと自身は間違いではない。だがフッサールにおいては、ノエマ的なもの（理念的存在者）がノエシス的なもの（主体的な意識の領域）からどのように成立するのかを、その相関関係において措定するのが問題であったのに対し、西田においてそのとらえ方

（2）『自覚に於ける直観と反省』『西田幾多郎全集　第二巻』岩波書店、所収。「序」での有名な「悪戦苦闘のドッキュメント」という文言を参照のこと。
（3）拙著『西田幾多郎の生命哲学』講談社学術文庫、二〇一一年、第一章を参照のこと。
（4）『働くものから見るものへ』の「場所」の論考、『西田幾多郎全集　第三巻』所収、『一般者の自覚的体系』『西田幾多郎全集　第四巻』所収などを参照のこと。「場所」では主語面と述語面が強調される。

はまったく異なっている。西田はノエシス的なもののさらに深部に降りたつことにこだわるからである（木村敏は、メタノエシスという言葉を利用してこの位相をひきたてていく）[5]。

西田において、ノエマとノエシスについては、対象的な領域性やそれに基づく判断的な位相を示すノエマ的なものに対し、身体的な行為性の領域にもつながっていくノエシス的なものの位相が、より「深く」、前者を「包むもの」として示されるのである。「場所」の議論においてあくまでも重要なのは「包む」側の位相にある。その意味で、ノエマ的なものである理念的存在者は、西田においてテーマになるとはいえ、それ自身としては、積極的に主題化されるとはいいがたい。

もうひとつは、こうした垂直性の問い詰め方である。

「場所」が垂直的な「包むもの」の連鎖をなす以上、その先に出現するのは、究極的な「包むもの」である。それには、まずは「無」という呼称が与えられるのだが、「叡智的世界」において示されるそうした「無」は、「有」との対比のなかにあるにすぎない。垂直に降りたっていった果てには、もはや無ともいいようがない無、あるいは無限の場所が、まさに「絶対無」として、表現不可能なものとして開けるよりほかないのである[6]。

「場所」の議論がこうした道筋を辿ることは、それが垂直的な力のよって来る場面を明らかにするかぎりやむをえないことだろう。だが、こうした「絶対無」へと向かっていく、いわば過剰な垂直化はさまざまな批判を呼ぶことになる。

絶対無の変容

田邊元は、そうした西田へのもっとも鋭い批判者であっただろう。科学哲学や論理学から哲学の世界に踏みこんだ田邊は、西田のこうした姿勢に真っ向から対立し、著名な論文「西田先生の教を仰ぐ」(7)において、それを宗教的境地、あるいは神秘主義と断じ、自らの「種の論理」との相違を明示していくことになる。

これに対して、西田は、表面上は田邊的な批判をうけいれることはない(8)。中期の終わりの代表的な作品である『無の自覚的限定』の「序」における以下の宣言は、中期西田の「場所」論が「絶対無」に深く落ちこんでいくあり方を、一面では徹底的に肯定的にとらえるものでもあるとおもわれ

(5) 木村敏の後期の思考については、『木村敏著作集　第七巻』(弘文堂)に所収されている九〇年代の諸作品、とりわけそこでヴァイツゼカーの生命論的差異をとりあげる記述を参照されたい。
(6) 『一般者の自覚的体系』『西田幾多郎全集　第四巻』所収における「叡智的世界」「一般者の自己限定」などを参照のこと。
(7) 『田邊元全集　第四巻』筑摩書房、所収。
(8) 拙著『西田幾多郎の生命哲学』第四章を参照のこと。田邊と西田の対立はそのまま構造と生成、論理と生命の議論の対置としてきわめて普遍的なものに読める。個人間の齟齬はともあれ、後期の田邊が死生を論じるとき、西田に再接近しているようにみえることも同時にきわめて興味深い。本書第三章参照のこと。

る。

「実在と考へられるものは、その根柢に何処までも非合理的と考へられるものがなければならない。単に合理的なるものは実在ではない。併し非合理的なものが縦、非合理的としても、考へられると云ふ以上、如何にして考へられるかが明にせられなければならぬ。非合理的なるものが考へられると云ふには、我々の論理的思惟の構造そのものに、その可能なる所以のものがなければならぬ。[9]」

この「非合理的なるもの」が、西田にとって絶対に不可欠な「根柢」なのである。それはその非合理性が思考を要請するような底なしの基底として、自己限定としての「自覚」をたきつけるものだからである。まさにこの表題にみうけられる「無の自覚的限定」こそが、「場所」の最深部に降りくだったあとの西田の議論を規定するものであるといえる。

とはいえ西田自身、「絶対無」を論じる『一般者の自覚的体系』から、上記の序文が掲載される『無の自覚的限定』のあいだで、相当な態度変更をなしとげていることもみのがすことはできない。「絶対無」とは、西田にとって、現実を構成する譲ることのできない「非合理」であり、それを思考しぬくことが不可避であったとしても、同時にその位相が、たんなる場所性の垂直的な根柢にのみ求められてよいのかが、おおきな問いになっていくからである。そこでのトポロジー的変容があらたに考えられなければならない。

水平的という事態は、初期の「純粋経験」や、その自己限定的自己差異化である「自覚」において示されているように、経験の位相が主観も客観もなく一体化されたものとしてある拡がりを示すものであった。そうした経験の位相と、「自覚」のあり方が深化されるなかで、「叡智的世界」の「無」を超えた場面が、「絶対無」として措定されるのであった。だがこの位相が、「純粋経験」やその「自覚」のモデルだけで語られると、どれほど垂直化したとしても、そこでみいだされるのは水平性の極限を重層化しただけのものとしてとらえられてしまう。「包むもの」「於てある」というキータームは、それぞれの無限に包みこまれる位相の重層性を示すのだが、「包むもの」が極限まで達したときに、「表現不可能」なそれが、ほかのものと同様にモデル化されてよいはずはない。

それに応じたあり方は、垂直的なモデルを水平的なものに託して論じるのではなく、水平的なものと垂直的なものとの交錯のなかで、そのぎりぎりの交接を明示することにあるとおもわれる。これは連続体に対する切断（非連続の連続）のように、水平にくいいってくる垂直として提示されるのではないだろうか（西田はまさに、数学的連続体におけるデデキント切断を想定していたであろう）。

このことについては、『無の自覚的限定』の以下の文章が参照されるべきである。

「〔著作〕「働くものから見るものへ」の後編から「一般者の自覚的体系」を通じて、紆余曲折

（9）『西田幾多郎全集　第五巻』、三頁。

を極めた私の考は、此書に於て粗奔ながら一先づその終に達したかと思ふ。ノエマ的限定としての永遠の今、ノエシス的限定としての絶対の愛、個物と一般との論理的関係……すべて私の立場からその意味が新にせられ、皆非連続の連続として、その根柢に私の所謂無の限定の意味を有つと云ふことを明にした。」(10)

これは『一般者の自覚的体系』での垂直化の議論が、そのトポロジックなあり方を変容する証左であると読めるのではないか。

ここでポイントとなるタームこそが「永遠の今」である。今というのは、水平的な時間軸のなかで、流れる時間の定点を指し示している。水平性の議論においても（まさにフッサールの過去把持や未来把持がその典型であるように）こうした「現在」のあつかいにはさまざまな問題が絡んでくる。しかし西田が論じたいのは、「永遠」という、それ自身は「絶対無」的な領域にむすびつく位相を、「いま・ここ」という水平的な位相のなかに「非連続の連続」としてくみこみ、そこで自覚的な自己限定の働きを解明することなのである。垂直性の位相は、水平的な連続をけっして否定するわけではない非連続の導入として、垂直が接合する一点を明示するのである。

西田自身がさまざまな例をあげて語るこの事例について、ここでは「永遠の今」という事象にひき絞って議論をおこなうことにしたい（「死」を含む「生」、「他」を含む「自己」などこの著作で主題化されるテーマはまさに同じ問題系に分類されるが、それについては論じない）。

そこで西田固有の、「非連続の連続」、「非合理の合理」、そしてそこでしかみいだせえない時間の

「リアル」を問題にしたいのである。

永遠の今

繰り返すが、『無の自覚的限定』は西田にとって、中期から後期の著作に向かう折り返し点に位置するものである。『働くものから見るものへ』において「場所」の論理に、そして『一般者の自覚的体系』においてさらに「絶対無」の位相に降りくだっていった西田は、ここで、ある種のおきな方向転換を遂行している。それは、水平的な「純粋経験」の位相をただただ垂直に深化させ、そこで「包むもの」の位相を無限拡大したのちに、そうした位相の垂直性を、再び水平性に交錯させようとしているからであるとのべてもよい。そのようななかでこそ、西田後期の「ポイエシス」、「行為的直観」、「絶対矛盾的自己同一」といったさまざまな「生成」「創造」にかんする省察に、具体的な形を与えることが可能になる。この時期の西田がなければ、確かに田邊が批判するように、西田の思想は神秘主義的な宗教的境地をのべているだけと批判されてもやむをえないだろう。また同時に、この時期の西田のアイデアを欠けば、京都学派のみならず、戦後の、ダイレクトには西田と関連をもたない思想家のあいだで、西田の思想がひとつの参照点になるような議論が展開される

(10) 同書、八頁。

こともなかったといえる。

　そうした中期の西田の思考の豊穣さを象徴するものが「永遠の今」という概念であると考えられる。それは『無の自覚的限定』に所収の「永遠の今の自己限定」という論文において詳しくのべられるものである。わたしはこの論文が西田の思考そのものの核であるととらえたい。

　西田はそこで徹底的に「現在」という位相を重視する。しかしここで論じられる「現在」とは、単純な「今」ではない。それは「永遠性」の深みをもった「現在」なのである。わたしは和辻の「あいだ」にせよ、九鬼の「偶然」にせよ（九鬼の『偶然性の問題』は明らかに、過去と生を重視するベルクソンと、未来と死を連関させてひきたてるハイデガーに対抗し、「いま・ここ」という現在のもつ偶然性と、その運命的永遠性を強く押しだしている）、そしてつぎにとりあげる木村敏の「イントラ・フェストゥム」論にせよ、こうした「現在」の「深さ」を考える西田の議論があってこそ成立すると考えている。そしてそれは、ある意味で（まさに九鬼の議論が、日本文化論の体裁をとるように）、日本における哲学の可能性を探るポイントでもあるととらえている。

　時間の流れを考えれば、過去・現在・未来という三つの位相があり、その三つの位相にしたがって時間が流れていくというのがその基本的な表象であるだろう。しかしその方向性は過去に対しても未来に対しても無限である。そしてさらに重要なことは、現在という位相はけっして過去や未来、まさに「過ぎ去った」もの（もはやないもの）と「未だ来ない」もの（まだないもの）の二つとは異なった特殊なリアルであることとの関連をもっていることである。アウグスティヌスがのべるように、過去も過去の現在であり、未来も未来の現在でなければ、その意味をもつことはない。一種水平的に展開される時間のあり方は、こうした現在という梃子のような一点をそなえるがゆえに、時間の流れとして表象しうるものである。

こうした時間における「現在」の重要性は、上記のアウグスティヌスの考察を経つつ、「自覚」と連関させられて、以下のように描かれていく。

「併し自己が自己自身を知る、即ち自覚するといふことは、無にして有を限定するといふことであり、そこにいつも現在が現在自身を限定するといふ意味があるのである……自己が自己自身を知る所、そこに現在があり、現在が現在自身を限定する所、そこに自己があるのである。[11]」

ところが、ただちに明確であるように、こうした「現在」の中心性は、それ自身空虚である。現在を支えるものは、上記の引用からもはっきりみてとられるように現在であるのだから、そこでは「現在の現在」というトートロジー的な事態が空回りのように発生することになってしまう。現在だけがリアルな時間位相である。だがこれも常識的な時間の議論において語られているように、現在そのものを摑まえようとしても、現在はつねにすでにそこにはない。一面ではこれは、時間の流れのなかで、瞬間がただちに過去になり（それゆえベルクソンは、現在は存在せず過去のみが

(11) 同書、一四六頁。

あるとのべた)、未来が現在になるからである(ハイデガーにとって現在の時間は頽落の様態にすぎず、未来への先駆性とそこでの可能性こそが思考すべきものであった)。だが西田はそのようには考えない。現在こそがやはりあくまでも中心なのである。とはいえそれは中空に浮いた不合理な自己根拠として、端的に無に晒されている。

「それで現在が現在自身を限定することによつて時といふものが成り立ち、現在が現在自身を限定すると云ふには、無が無自身を限定するといふことがなければならない、そこに我々の自覚の意義がなければならない。[12]」

困難な文章である。だがつぎにつづく西田の記述を読めば、これが「絶対無」という垂直の位相を、つまりは絶対無である不合理性を、何とか時間の水平的な事態にむすびつけようとする努力のあらわれであることがわかる。

「すべて一般者の自己限定と考へられるものは絶対無の自覚的限定によって基礎附けられ、之によつて包まれると考へることができるが、絶対無の自覚的限定としては、無にして自己自身を限定するもの、即ち自己自身を限定する現在といふものが限定せられるのである。[13]」

ここでは「絶対無」に基礎づけられるという基本的な西田の発想が、時間の原点としての現在に収斂させられ、同時にそのトートロジー的な自己の限定の仕方が、現在という時間における無の限定として、まさにそこでの不合理の介在ととらえられているのである。

この点にかんして、西田はパスカルのつぎの議論も参照している。

「此の如き意味に於て無にして自己自身を限定するものは、自己の中に無限の弁証法的運動を包む円の如きものと考へることができる……パスカルは神を周辺なくして到る所に中心を有つ無限大の球……に喩へて居るが、絶対無の自覚的限定といふのは周辺なくして到る所が中心となる無限大の円と考へることができる。」(14)

無であることとは、先にのべたように、垂直方向への無限の深化であり、そこにおいてまったき無限という根底が露呈されることとである。これを限定して水平面につなげていくのが現在のあり方である。だがそこでの現在は、過去や未来が水平的な水準で無や無限と連関するのと同様な仕方では、自らの位相を定めることができない。無底の根拠、周辺なき円、つねにそこにあるのだが、そこにあること自身がまさに瞬間性として自己を逃れてしまうこと、しかしそこからしかわれわれがあり、

---

(12) 同書、一四七頁。
(13) 同右。
(14) 同書、一四八頁。

リアルなこの世界があるということがのべられないこと。この意味で現在とは、たんに水平的なものではなく、水平的な位相に垂直的にくいいいる生成の一点なのであり、また切断という意味で、死の介在なのでもある。

「周辺なくして到る所が中心となる絶対無の自覚面という如きものは、その各の点に於て時が始まると考へられると共に、その各の点に於て時が消されると考へられることができる。[15]」

ここにいたれば、これが「永遠」と「瞬間」という問題系にきわめて接近していることは容易にみてとれるだろう。というのも、永遠は絶対無の側の無限の極限であり、瞬間はそこからたちあがる、まさに創造が可能になる位相のことであるのだから。

これらはおおよそつぎの言葉にまとめられている。

「絶対無の自覚的限定といふものをそのノエマ面的限定から見れば、絶対時の自己限定と考へられるであろう……之に於て所謂客観界と考へられるものが限定せられる。併しノエシス面的限定として之に於てあると考へられる我々の自己はかゝかる限定面に於てあるのではない、之を越えてあるのである、時によって限定せられるのではなく、却つて永遠の今の自己限定として時を限定するのである。[16]」

まとめよう。ここでの「永遠の今」の「自己限定」という議論は、ひとつには対象的な位相のなかで機能する今が、その瞬間という事態において生と死という面をもち、それ自身、垂直的なものが時間の連続性にはいりこみつつそれを成立させるものだということ、そして今の根底にある絶対無は、それ自身としては永遠という時間的な表象性においてとらえられるものであること、このことを示しているといえる。現在と永遠とは、ともにひとつであることにおいて、そのノエマ的対象面と、ノエシス的行為的垂直面をつなぎ、さきにのべたように、さまざまな西田の議論を補完する。

繰り返しになるが、この書物で描かれる私と汝、生と死という、相互に異なるものの関連も、永遠の今という、それ自身矛盾的自己同一であるような事象とかさなって、この時期の西田の議論の主題を形成する。だが、ここではこの「永遠の今」という現在のあり方をより鮮烈にとらえるため、木村敏が精神病の議論のなかで、「イントラ・フェストゥム」という位相をきわだたせていることを一瞥し、上記の主張を補強したい。

イントラ・フェストゥムについて

木村敏は、戦後有数の精神病理学的思考を果たした精神科医であるが、木村の発想は、その言葉

(15) 同書、一四八―一四九頁。
(16) 同書、一六六頁。

のはしばしから、西田の発想をひきうけたものであることがわかる。エトムント・フッサールおよびマルティン・ハイデガーはもとより、ウジェーヌ・ミンコフスキーやヴォルフガング・ブランケンブルクなどの影響はおおきいとはいえ、最初期から木村の思考は、ノエシスやノエマという言葉の使用法そのものにおいて、現象学的であるというよりも西田的であったといえる。木村の、自己と他者との「あいだ」という発想が、和辻に由来することも含め、木村の精神医学的思考が日本哲学とのきわめて深いつながりのもとに形成されてきたことは明確であるだろう。

後期において、ヴィクトーア・フォン・ヴァイツゼカーをとりあげながら、独自の生命的なメタノエシス的位相にたちいたる木村であるが、ここでは木村の名を高めさせた、実存的時間論的な病理論についてみていくこととしたい。

木村は、過去・現在・未来という三つの時間の様相に即して、実存論的時間論的な探求をおこない、うつ病・てんかん・統合失調症（分裂症）の定位をおこなっていく。そこでは、うつ病は過去とのかかわりに、統合失調症（分裂症）は未来との連関において、それぞれ時間的な生の変調によってひき起こされるとされる。たとえば「分裂病の時間論」においては、以下のように記述されている。

「要するにメランコリー者の体験は、それが自責の形をとるか妄想の形をとるかを問わず、もはや手遅れで回復不可能な「あとのまつり」という性格を帯びた基礎的事態の表現と見ることができる。私はこの基礎的事態をラテン語の post festum（祭りのあと＝「あとのまつり」、「手遅れ」、

「事後の」）を用いて言い表しておこうと思う。[17]」

メランコリーとは、きわめて古典的なうつ病概念であるが、それを木村は「あとのまつり」という時間性の問題として押さえていくのである。

これに対して、同様の妄想的な現れを示すとはいえ、統合失調症（分裂症）にかんしては、木村はこれと対極をなすような記述をおこなっている。

「真の未来志向、将来への投企が過去および現在の全体を基盤にしてはじめて可能となるものであるのとは違って、彼〔ある分裂病患者〕の未来志向は過去と現在を性急に切り離して空虚な自由の中へ先駆するという形で実現を求める。[18]」

「このような未来先取的、予感的、先走り的な時間性の構造は、さきの「ポスト・フェストゥム」概念と対置する意味で、ラテン語で「祭の前」を意味する ante festum の語で言い表せるのではないかと思う。[19]」

（17）『木村敏著作集　第二巻』弘文堂、一六頁。
（18）同書、二三頁。
（19）同右。

木村はこのあと、ルカーチの議論をとりあげながら、分裂症と資本主義との連関についてのべ、つねに先取的に未来をとらえていく資本主義の本質に言及するが、ともあれここでは、時間構造における過去への執着としての「ポスト・フェストゥム」、そして未来の空虚な先取としての「アンテ・フェストゥム」が、病理を考えるうえできわめておおきなものとして現れてくることになる。

さて、この二つの病理が過去と未来に関連しているとするならば、では「現在」における病理、現在そのものである病理とはどうなるのであろうか。木村はそこでてんかんという病における「イントラ・フェストゥム」=「祭の中」について論及していくことになる。

木村は『直接性の病理』「序文」において、西田やベルクソンののべる「純粋経験」や「純粋持続」、つまり現在の現前とでもいうべき事態をあつかいながら、そこで現在であることが「過剰」になってしまうこと、現在の現在性があふれだしてしまうことについてのべていくのである。それは、「純粋経験」そのものの深みであるような「永遠の今」がそのまま現前することでもあり、病理的にいえば、てんかん者の症例と深くむすびついている。「過剰としてのエクスタシー」「荒ぶる直接性」という表現をもちいて記述される[20]この領域は、人類学的なハレの概念にもむすびつけられながら、以下のように記述される。

「精神医学的疾患のなかには、このイントラ・フェストゥム的な直接性の病理が病態形成要因として中心的な役割を演じているものが少なくない。しかしなんといっても、そのひとつの極北に位置しているのは癲癇だろう。[21]」

「イントラ・フェストゥム的存在構造は、なによりもまずその現在中心的な時間性と、「天上天下唯我独尊」ともいえる自己中心的な自然との無限の一体性を特徴としている。癲癇者の場合、この現在中心的な時間性は発作における「永遠の一瞬」の灼熱として、またこの自己中心的な自然との一体性は――さきのアリョーシャ〔ドストエフスキーの『カラマーゾフの兄弟』の登場人物〕の体験にも見るような――アウラ症例における世界との合一体験として、もっとも端的に現れてくる。[22]」

「イントラ・フェストゥム」において問題なのは、現在が現前する、それが直接態としてあるという、いってみればきわめて日常的な出来事であるものが、それ自身そのままに異常という色彩をとって現れてしまうことなのである。それゆえこの病は、本質的には正常なことでもある。ただその深さの度あい、すなわち現在が現在であることの程度の問題こそが病理性にむすびついている。この意味で木村は、「イントラ・フェストゥム」とは一種の「量的規定」であり、それ自身は、実際には「アンテ・フェストゥム」であるものも、「ポスト・フェストゥム」であるものも包括すると（あたかも時間のすべてが現在を参照点とせざるをえないかのように）記述する。

---

(20)『木村敏著作集　第四巻』、二二四頁。
(21)同書、二二五頁。
(22)同書、一五六頁。

「その限りにおいて、分裂病もメランコリーも、幾分かは直接性の病態でもあり、エクスタシー的・祝祭的な要素を含んでいる。この意味でも、祝祭的な直接性を「狂気の原光景」とみなすことは許されるだろう。(23)」

「……いわゆる急性・周期性の非定型精神病像はおしなべてイントラ・フェストゥム性を共通の特徴としているけれども、その中にもポスト・フェストゥム系のもの……とアンテ・フェストゥム系のもの……とがある、ということを意味する。(24)」

ここには現在という時間の不思議さが、すべてつめこまれているともいえる。現在の現在、あふれかえる現在は、いわばそれだけをとらえるならば「生きている」ということを指し示しているだけにすぎない。しかしそれが量的な過剰となるとき、それは異常性を露呈する。そして過去や未来にかかわる時間性の変調も、すべてこの現在の量的変質に連関づけられることになる。

木村が「永遠の今」という表現をもちいるとき、西田のとらえる「無の自己限定」を強く意識していたことは間違いがない。現在とはいま・ここであるのだが、それは同時にすべての時間を包括するいま・ここである。それはリアルな生の現場を形成するとともに、無限の底に触れている。

木村はまた、ドストエフスキーなどの事例をもって、こうした現在の横溢は、一面では天才と称される人間の創造性に連関することをのべている。てんかんという現在があふれる病は、多くの天才的創造者、あるいは宗教的創造者がもつ特性であったこと、逆にいえばあらゆる創造性は、程度の差はあれこうした現在の直接的現前の横溢によって示されること。行為的直観やポイエシスという事態は、このような創造的現在によって、いっそうそのあり方がきわだたせられるのではないだろうか。

木村はこうした「永遠の今」としての「イントラ・フェスティム」について、さらにそれと「絶対矛盾的自己同一」の概念との関連を指摘する。

「この祝祭が行われるいまここは、時空の世界に定位されるような有限の現在ではない……「時間が生命の自己措定によって生成する」この現在では、アクチュアルないまここ……において、無限に過剰な生命と有限の個別的なかたちがたがいに触れあい、かかわりあって、そこに、「絶対矛盾的自己同一」の関係が開かれる。(25)」

この引用では、ヴァイツゼカーの生命論をひきうけつつ生命論的差異を論じる木村が、西田の絶対無に生命の流れをかさねあわせ、そのなかで極限的な無限の流れと、有限の個体とが現在において交錯するあり方を、西田の術語をもちいつつのべている。この議論は、まさにそのまま、西田の

(23) 同書、二二五頁。
(24) 同書、一六二頁。
(25) 同書、三四〇頁。

「絶対無」からの「自覚」の議論、そこでの「永遠の今」の「自己限定」の別の方向からの描写であるだろう。西田が語っている「絶対無」の「自覚」とは、現在ならざる現在が、まったくの無根拠さにおいて自ら基底となり、何かが生成するのを可能にする創造的場面にほかならないのだから。確かにヴァイツゼカー／木村は「大文字の生命」という、より実体的な仕方で「絶対無」的な位相を語ってしまっている。西田がそれに同意することはないだろう。だが、潜在性のさらなる基底のようなこれらの位相は、西田の「絶対無」が、瞬間に介在する永遠として、水平面の断絶を語る契機になっていることからも、有限と無限の、瞬間や個体における矛盾的共存そのものを表現していることは確かである。

「永遠の今」とは、こうした点からも、無限性と有限性を交錯させ、また現在の直接性のなかに永遠性をあふれさせ、現在の重層性を明かすものとして提示されるのである。

西田の議論の拡がり

木村敏の「イントラ・フェストゥム」論をあわせ鏡のようにしてみいだせる、西田の議論について最後にまとめ、それがもつ拡がりについて考えてみよう。

木村は、「充溢した現前」のもつ「現在」という狂気を提示していた。「いま・ここ」という「祭の中」を生きることは、まさに通常の仕方で時間を生きることでもあれば（西田的にいえばノエマ的側面であろう）、それが無限の底をかいまみさせるものである（ノエシス的、あるいはまさにメタノエシス側面がこれにあたる）。そうした無限の充溢という狂気をはらんだ今というあり方が、時間を生きる本質として設定されたのである。木村は西田から、まさに無の根底そのものが露呈することによって成立する現在中心主義的な発想を導入したのである。

西田が「永遠の今」において、「無の自覚」をのべるとき、木村自身がこれを範例とするように、「純粋経験」の深さの徹底である「絶対無」が、「いま・ここ」というあり方に突出する位相が提示されている。過去の無、未来の無を越えた、現在そのものの無が、ここで生と死の交錯の位相、自己と他者との交錯の位相としてとりだされるのである。ここでは、西田が論じていた水平性と垂直性とが明確に交錯している。

西田がみいだした水平性と垂直性の交錯としての「現在中心主義」こそが、日本哲学のひとつの結束点となりうるのではないだろうか。

木村敏が、過去性へのメランコリーにある種のキリスト教的な罪責意識をみてとり、未来性への先駆に資本主義的な精神をとらえていることとの対比でいえば、日本哲学において顕著であるのはむしろ現在の現前性である。それは和辻の「あいだ」が、自己と他者とが分離する以前の「いま・ここ」性を強調し、自己性と他者性がキメラ状にいりくんだ強度的な空間をとりだしてきていることと（この強度の極みは、和辻においては相当に異様な「二人共同体」にみてとれるものだろう）[26]にもつう

（26） 本書第四章を参照のこと。

じるだろう。また西田に対してあれほど批判的であった田邊が、後期において死と生の弁証法にたちいたった過程をみれば、そこには死と個体という問題圏をとりだすことで西田の現在の深さを再評価する姿勢さえみてとれる。(27) さらに九鬼が偶然性、運命、出会いと「いき」という論脈で「いま・ここ」を論じるときに、まさに西田の垂直性と水平性との交錯はより的確に示されることにもなる。(28)

日本文化を論じる際、その移ろいやすさ、儚さをのべたてるものは数多い。坂部が論じるような、能における「仮面」がもつおもてとうらといった主題(29)や、そもそも日本的なものの基底に設定される本居宣長的な「もののあはれ」は、「いま・ここ」が指し示す無の上に漂う不安定さを根拠とする文化の特性を描くものであるともいえるだろう。

しかし西田においては、ただたんに文化的・情緒的な気分としてのあり方が問題であったわけではない。最初の記述に戻るが、彼は徹頭徹尾ヨーロッパ的な論理にのっとって、けっしてそれを否定することなく、まさに西洋的ロジックのただなかからその日本的特性を提示している。それこそが、現在が永遠にダイレクトにむすびついているという矛盾せる直観の内容なのである。

京都学派の思想が、こうした西田の議論の複層伏線的なヴァリアントであることはわかりやすいだろう。だがそれに加えて、京都学派とはかかわりのない戦後の思想家たち、坂部、廣松、大森、あるいは本書では記述できなかったが中村雄二郎などが、西田の名を明示するかしないかは別としても、けっして平板ではない「いま・ここ」の底という主題系にかかわりつづけ、こと、矛盾、ポイエシス、制度などの議論にとりくんでいったことは、現在性の位相がもつ結束性を示すのではないだろうか。

　もちろんこれは日本哲学を、ひとつの方向に収斂させようという試みではない。この議論を、日本文化論に波及させるならば膨大な手続きが必要であることも承知している。こうした深みをそなえた現在主義に対するさまざまな政治的反論もあったし、それは京都学派の内部からも突きつけられただろう。

　しかしあえてとらえなおすとすれば（後期西田の立場をまさにそう呼ぶことが可能であるように）、これは一種の現在性の徹底的な唯物論でもあるのである。同時にその裏には、非常な深度をもった他が、死が、異種のものが、永遠という目をくらませるものが控えている、そうした唯物論である。唯物論であるがゆえに、この現在は起源も目的ももたない。過去へのルサンチマンもなければ未来への駆りたてもない。ただ現在においてその深みとの循環においてある唯物論、日本の思考がもつこの「あふれる現在の優位性」という唯物論を思考しなおすことは、よく語られる「述語論理」

(27)　本書第三章を参照のこと。
(28)　本書第七章の補論を参照のこと。
(29)　仮面＝おもての議論の西田とのむすびつきなどは、坂部恵『仮面の解釈学』（東京大学出版会、一九七六年）を参照のこと。坂部や中村雄二郎は、フランスポストモダンの系譜と日本哲学の関連をいち早く指摘した点においてきわめて鋭敏な感性をもっていたが、それを定式化する道はまだまだ先に開かれているとおもわれる。

「場所性」というテーマをも包括し、常識的に語られる日本的なるものを解体する創造力をもつのではないか。

横溢する現在、底のない今の唯物性、発散する狂気、時間的な時軸の不安定さ。日本哲学論を日本文化論へつなげていくポイントもここでみいだされるのではないか。

第二章　「種の論理」における「種」とは何か

非常に基本的なことであるが、田邊元の文体にはある傾向がある。それは「西田先生の教を仰ぐ[1]」に典型的にみうけられることであるが、相手を最大限にもちあげておいてから突き落とすように批判するということである。西田幾多郎とベルクソンは、直接の論敵であったのだろうから、田邊の攻撃対象になるのはいうにおよばない。だが、カントもハイデガーもヘルマン・コーエンもほぼ同じあつかいである。西田とベルクソンについては、個体と全体、無の基底と生命の直観性というあり方が批判される。そしてそれにつづけて、自分の世界図式はカントの時間図式ではない、ハイデガー的な有限者の存在論ではない、コーエンの根源論理ではない云々と語られる。自分の学説は何々では「ない」、という表現がその議論の基調をなしている。

西田において、かの有名な「あるのである」という表現が重要であったこととは対照的である。

(1)『田邊元全集　第四巻』筑摩書房、所収。

もちろん西田も、自身の議論を提起するときに、相手の主張を単純化し、それに対する批判によって自己の論旨をきわだたせはする。だが西田は基本的には、すべてを包む「無」において、一切合切を肯定してしまうひとである。いいかえれば西田では、あらゆるものを包括する生成＝ポイエシスこそが、その議論の基盤をなすのである。

それに対して田邊は、基本的には否定のひとである。否定性や弁証法という響きから想定されるように、現代思想の論脈にむすびつけるならば、むしろアドルノとの関係が（ヘーゲルだけが、最終的な意味で支持されていることも含めて）問われるべきだろう。だが、田邊の議論は、すべてを否定しつくすアドルノ的な「脱構築」とも、やはり少しく異なっている。田邊は「種」の具体的な存在についてはきわめてポジティヴなのである。そもそも、田邊の否定の徹底のような表現は、そこでとりだされる「種」という位相が、個でも類でもない、個体でも全体でもない、無だけでも有だけでもない、時間だけでも空間だけでもない、そのような独自の中間的媒介性をになっていることに起因してもいる。田邊は「種」の具体的実在をポジティヴにのべたいのだが、そのあり方は、どこまでいっても何かと何かのあいだにあり、それらのいずれでもないが、そのいずれをも可能にする次元として提示されざるをえない。

このような「種」の中間性は、田邊が「私はこのように世界図式論と相即して絶対媒介を成立せしめる論理を、特に種の論理と名づける(2)」とのべていることからもみいだせる。カント的な図式論とは、そもそも感性と悟性とを媒介するものであった。田邊は、その概念を批判的に摂取しながら「世界図式論」に押し広げ、そこに自らの「種」という原理をおくのである。「種」がさまざまな事態の中間的媒介性を示していることは明白である。

「種」についてのこうした語り口は、田邊が何を「種」としてとらえるのか、あるいは「種」を論じることにおいて田邊哲学が何を目指しているのかに、おおきく関連するだろう。

まずふたつのことをのべておきたい。そしてそれについで、そこからみいだされる課題についても触れておきたい（本章ではそれをあつかうことはできないが）。

第一に、こうした媒介性を原理とする田邊の思考によって描きだされる「種」とは、それ自身何であるのかを考える必要がある。岩波文庫で上梓された『種の論理　田邊元哲学選Ｉ』に収められた諸論文をみても、そこには少なくみつもっても三つのアイデアが混在しているようにおもえる。ひとつはアリストテレス的な論理学における類・種・個という分類における「種」である。もうひとつはベルクソン経由でみいだされる生物種としての「種」というあり方である（それは民族と生物性の問題に関わるだろう）。そして最後には、「種」を全体と個人の媒介とみなし、それを社会的に具体化する視点である。

これらの語り方を混在させて「種」を論じることは、それ自身混乱をまねくことでもあるだろう。論理学的な「種」と生物学的な「種」、そして社会的な媒介者は、もちろん同じような位相において描かれるのかもしれないが、それらの存在領域は異なっている。そのうえで田邊は、結局は明ら

（2）『種の論理　田辺元哲学選Ｉ』岩波文庫、二〇一〇年、三三〇頁。

かに民族や民族国家という具体相に、つまり社会的領域において語られるものに「種」の概念をわりふり、さらにその内実を、カント的な図式論を拡張した「世界図式」に求めていくことになる。ここでも一面では社会的な具体性において「種」をきわだたせるのであるが、他面では図式論の拡張による時間空間の否定的統合という、きわめてロジカルな描出に終始することになってしまう。だがこれらを総覧して、田邊ののべる「種」について、どのように考えればいいのだろうか。

これに連関して主題化されるべきは、田邊と西田との関係であるとおもわれる。これが、ここでの第二の論点である。

田邊の語り方は、ある意味で西田哲学のひき写しであるという部分が強いのではないか。論理学的な主題をあつかったり、生物学的なテーマにかさねあわせたり、それを政治的国家的事象とただちに連関させてしまう論旨の運び方は、まさに西田と酷似している。そして議論全体の基礎づけとなるロジックを数学的な連続性の議論に求めていく点でも、田邊はきわめて西田的であるといえる。

もちろん田邊の「種の論理」の最大の論点は、西田の「無」に対する批判と、それと対比される「種」という具体的な「有」の位相の強調にある。あらゆる議論において、田邊は西田を批判し、西田における論理の陥穽をつくことによって自己の思考を形成してきている。それは、まさに批判的である記述が批判対象に依拠してしか成立しないように、深く西田哲学に関連した議論にならざるをえないのではないか。

「種」の定義を与えるとき、田邊が連続性と無限にかんする数学の議論をもちだし、そこで「非連続の連続」という議論を「無」ではなく「有」の側からとらえなおしていく記述などは、その典型例であるとおもわれる。もちろんそこでは、西田の「無」が徹底的に批判されている。だが「非連続の連続」を正当に論じ返そうという発想そのものが、西田の問題圏の内部にあるはずである。西田に対抗しながらも、むしろ田邊の議論が西田の主張を発展させたものとしてこそ把握しうるという視点が、そこでは不可欠ではないか。もちろん「世界図式論」に田邊のオリジナリティがないというのではない。そうはいってもそこでの一連の議論は、西田を中心とする京都学派的な文脈にひどく適合的であることは明らかだろう。

そして最後に、次章で論じることになるが、こうした田邊と西田の対立的展開という構図は、双方の後期の思考にまでひきつがれていると考えるべきではないか。

議論の応酬にもかかわらず、西田は田邊の批判以降、きわめておおきな転回をくわだてているとおもわれる。それは西田が、ひたすら場所論の深化に拘泥して、まさに「無」の底部にさらに絶対無を想定する事態から、ポイエシスとしての生成する個体、動く個物を描くにいたることとも関わっている。そこでは「種の生成発展」という表現さえもちいられ（「種の生成発展の問題」などを参照のこと）[(3)]、主題的にも歴史的事象や社会的実践が前景化する。無論この段階でも、両者のわだかまりが消えたわけではない。西田の側でも、「種」の問題をとらえる視点はあくまでも論理的なものではなく生成的なものであると考えているし、田邊の、西田はプロティノス主義的であるという

（3）「種の生成発展の問題」『哲学論文集　第二』『西田幾多郎全集　第八巻』岩波書店、所収。

批判を意識したような反論もかいまみえる（「行為的直観」を参照のこと）[4]。その意味で、両者の対立は根深いようにおもえる。だが、西田後期のポイエシスや絶対矛盾的自己同一の主張が、田邊の批判をうけて提示されたものであるならば、その議論も相当に田邊の主張と交錯するのではないか。そして後期の田邊の思索である死と生の思考も、字面をみるかぎりでは、きわめて後期の西田に近いようにおもえるのではないか。そうであれば、この両者については、むしろ彼らの決裂の場面ではなく、それぞれが別個の途を歩みだしたのちになされる遠くからの接近において、より仔細に検討されるべきだろう[5]。

さて、田邊の「種」とは何かということから考えてみたい。そこではやはり、田邊が西田からどのように距離をとりながら議論を展開していったのかが主題となる。ここでは議論を整理するため、あえて事態を三項構図化してみたい。登場人物はベルクソン、西田、そして田邊である。

ベルクソン・西田・田邊——社会性における三項構図

もちろん田邊の主張、とりわけその絶対弁証法の議論には、ヘーゲルの影響や一般的なドイツ思想の痕跡が強くみうけられる。それゆえ、ベルクソンやそれと関わる生命論に傾斜する西田の文脈をここできわだたせるのは、田邊理解として（京都学派理解としても）偏っているといわれるかもしれない。民族や国家的なものの強調を考えても、ヘーゲルにかんする論脈が重要であることは間違いがない。だがここで、「種」という明らかに生物学的な問題を社会性の問いにかさねていくこと、そして問題の焦点が「非連続の連続」というそれ自身はベルクソンや西田の議論を前提とし、そこでの数学基礎論や無限論を自身の主張にくみこんだものであることから考えても、ベルクソン‐西田の論脈との連関づけを重視する意義はあるだろう。「種」をのべだす文脈において、田邊は西田によるベルクソン批判、すなわち、ベルクソン的な「持続」だけでは個体を論じることはできず、それに対して絶対無を提示し、これを持続のなかに切断の契機としていれこむことで個物が動くものになるという議論を、さらにもう一段階とらえかえすようにして、自己の「種」のアイデアを提示しているのである（年代的には、西田のベルクソン批判と田邊の西田批判とはまさにおりかさなっている）。生命的直観の描く全体性か、「無」の根底をそなえた個体性かという対立する主張に対し、種的な存在者は、それらを統合するものとして設定されるのである。

たとえば「社会存在の論理」において、田邊がベルクソンの生命論的社会論といえる『道徳と宗教の二源泉』を重視し、そこでの「開いた社会」にむすびつけながら、自己の主張をうちたてていくことは、「種の論理」の形成においておおきな意味をもつだろう。

ベルクソンが論じる「開いた社会」について、田邊は一定の評価はしながらも、つぎのように批判する。

（4）「行為的直観」冒頭、『西田幾多郎全集　第八巻』、二一五頁。

（5）後期思考を含む田邊と西田の対比については、細谷昌志『田邊哲学と京都学派――認識と生』（昭和堂、二〇〇八年）などが参考になった。

「単に統一の可能を、生命の統一の直観に由り保証し、かかる直観の必要を説示するも、その直観自身が同時に対立の一方の側に属するものとして直接態に現れるものである以上は、何らの具体的なる原理を供することはできない。ここにベルグソンの生命哲学の制限がある。(6)」

ここでの田邊の批判は、ベルクソンに対する見解としてもかなり鋭いといえる。ベルクソンは社会を論じるときに、自己の存在論的根拠たる持続の議論を発展させながら、開いた社会と閉じた社会の二元性を主張するのだが、その議論のベースは「開いた」社会の方にしかない。田邊は、それでは「純粋機能の理想型に由る解釈をもたらす」だけのものであり、弁証法的理解において提示されるべき「行為者の実践」を描くことにはつながらないと考えるのである。(7)

そして、同じ論文の終わりの方で、こうものべられている。

「ベルグソンの如くに国家を単に閉じた社会の一方からのみ観て、他面開いた社会の構造を理念上その契機に含むことを認めないのは、余りに現実に偏したものであろう。実はベルグソンの考える開いた社会の構造は、かえって国家の理念に欠くべからざるものなのであって……。(8)」

ベルクソンののべる「開いた」社会は、率直な人類愛＝生命愛をもとにし、国家という位相を閉じた側面でしか考察しない。しかし田邊にとって、実践者としての具体相が提示されるのは、民族国家という、個でも全体でもないその媒介者においてであるととらえられ、そこでこそベルクソンの論じる意味での「開かれた」という意義も把捉されるべきであるというのである。

「国家は種の直接なる統制を、個の自由なる分立との対立の綜合的統一において具体化し、かえって個を生かし容すことに由って種を豊富にし、活撥にして、調和和平を内にもたらすと共に……」[9]。

ここでの田邊の「国家」という言葉にこめられたきわめて楽観的な響きについては措いておこう。問題は、ベルクソンののべる生命主義を、社会そのものに導入するとき、そこで生命的全体的な直観が直接に提示するような事態ではなく、それを具体相において示す媒介者としての「種」が不可欠になるということにある。

これは一面では西田が、とりわけ「私と汝」[10]などの論考において、自身の他者論や社会にかんする論理を展開するときにベルクソンを批判していた過程と類似しているともいえる。そこで西田は、

(6)『種の論理　田辺元哲学選I』、五一頁。
(7) 同右。
(8) 同書、一五三頁。
(9) 同右。
(10)『無の自覚的限定』『西田幾多郎全集　第五巻』所収。

ベルクソン的な生命には「死」がない、連続性に対する「非連続」の契機がないとして、そのままでは個として現れる生命的な主体の具体的な姿をとらえることができないとのべていたのであった。[11]そして西田は、断絶した契機（そのあり方の究極が絶対無であり、そこから個が限定される）において現れる自己と他者との関わり（相互限定）から、社会へとつうじる議論を提出していこうとするのであった。

だが、こうした「私と汝」における西田の姿勢に対して、田邊は、いわばにべもない態度をとる。たとえばつぎのようにのべられる。

「しかるに「理性人間」の論理が個人主義に立つことを非難する議論が……「私と汝」の標語を掲げるだけで社会と人倫との事直ちに理解せらるる如き態度を示すのは、その安易むしろ驚くべきものがある。「私と汝」の交互相関の論理は、社会存在の論理としてなお甚だ不十分なる、最も抽象的の形態であるといわなければならぬ。[12]」

ここでの「私と汝」の議論が、西田のそれを指していることは明らかである。田邊はそこで、ベルクソン的な全体性も、西田的な自己と他者との相互的関係も、社会性にいたることはできないととらえている。まず必要とされるのは、私と汝をつなぐ第三者の位相なのであるが、これでも田邊にとっては、社会の位相を示すためには不十分であるとのべられる。

「……我と汝の相互性が、未だ我と汝とを対立的に統一する全体を顕わすことができぬ所から、これを一段具体化したものが、我と汝との外に第三の「彼」を加え、我と汝との相互予想的一体性の半面たる両者の対立性、隔在性、を表すという考である。……たしかにこのように「彼」を以て我と汝との直接的融合を引離し、個の正反対なる対立分離を媒介することは、単なる「我と汝」の相関の論理よりも遥に具体的なる思想たること否定できない(13)」。

しかし「彼」がもつ第三者的な位相が、ただ外在的契機として描かれるだけならば、それは観念的なものにとどまるのみである。必要なのは、そこでの媒体を具体的に描くことにある。そのためには、やはり「種的特殊社会」というものが「媒体」としてみいだされるべきだということになる。

「個は種を予想し、種の生命をその根源とし、種の直接なる限定をその母胎としながら、かえってその直接の母胎であり発生の根源である種に対立し、後者の限定を奪って自己に独占し……排他的に根源から分立しようとする(14)。」

(11) たとえば代表的な場面では、同書三四六頁。
(12) 『種の論理　田辺元哲学選I』、二一七頁。
(13) 同書、三二一―三二二頁。
(14) 同書、三三八頁。

ここで「種」が、一種の母胎＝マトリックスとして、図式論的な構造性の基体として想定されていることも重要なのであるが、西田がのべていた、「無」の底から提示される個という事態を、「種」からの分岐的な離脱においてとらえていることも、あらためて評価されるべきである。かくして、「個は必然に種における個であって、種を離れた単なる個なるものは無い(15)」とのべられることになる。

これらをとりまとめるように、田邊はこう結論づけていく。

「従って開いた社会は閉じた社会の止揚開放として、後者との相即においてのみ存在する類に相当し、必然に種を媒介とするのである。直接的なる閉じた社会としての共同体は、その間に特殊普遍の相違を有する系統を形造るも、それらはいずれも種であって、種に対立するものではない。……個が種の一次元を媒介とする二次元の限定であるとすれば、類は両者を綜合する三次元の統一というべきものであって、それは……絶対的否定態でなければならぬ(16)。」

否定的媒介の位相は、生命的な直観の全体性でもなければ、個体と個体が対立する「無」の場所に根づくわけでもなく、それぞれのあり方を具体化させる中間性として描かれている。つまり全体も個体も、媒介者たる「種」の限定された次元性として、そこに否定的に糾合される（そこで「有」としての価値をうける）こと、そしてその具体相を民族および開かれた社会という媒体性にみてとること、これらが明示されているのである。「種」として規定される社会とは、もちろん全体主義国家ではない。それゆえ、開いた社会を論じるベルクソンが、ある種の神秘主義的な宗教性（人類という位相）においてしか規定しえなかった当のものが、「種」としての民族国家という具体相によって示されることになる。だが、ここで「種」として提示されるものが、閉じた社会を越えるのはどのようにしてなのだろうか。「種」＝社会的共同性という位相を規定しうるのは、いかなる契機によってなのだろうか。ここで田邊が徹底してこだわるのは、西田の「非連続の連続」という概念である。

「非連続の連続」の「有」からの描像化

「種の論理と世界図式」、「種の論理の意味を明にす」で提示されている議論も、もちろんこうした社会的具体性に訴えかける部分が多い。

「我々のいわゆる種としての媒介とは、斯様に異他的に与えられた個体を単に無記無差別的に包む環境をいうのではない。それは社会的に共同体として個人を直接強制する種的統一であり、個人はこれを否定的媒体として始めて実践の主体となることができるものである。」[17]

(15) 同書、三八頁。
(16) 同書、一二九―一三〇頁。

基調をなしている主張に変化はない。だが、原理的な色彩を強めていく田邊の議論において、西田やベルクソンへの批判は、より仔細にその基盤へと向かっていく。そしてその先に提示されるのは、「非連続の連続」を解明するために西田自身が採用した、そしてベルクソンの持続の連続性を考えるときにもポイントとなる数学基礎論的な議論であり、さらにいえばそこでベルクソン－西田に特有な「微分主義」への距離のとりかたである。

このことについては、まさに西田的な「無」の思想、あるいはそこでの「述語論理」が集中的に批判されることになる。たとえば下記のようである。

「私と汝の相関協和という如きもこの媒介の要求上提出せられた概念であろう。これを非連続の連続というもまた媒介態なることは明かである。ところでこれらに対してはすでに我々は上に詳細なる批判を加えたのであって、かかる媒介が種としての直接的統一に対する個の否定的対立性を無視する結果、かえって種も基体的存在としての有たる意味を失い、無記透明にしていわゆる無と同一視せらるるに至ることを見た(18)。」

田邊は、西田ののべる私と汝の媒介性も、そもそも西田の自己が「無」の場所に立脚する私と汝の相互限定に依拠するかぎり、それぞれが基盤とする「無」という極限＝無限の直接現前をただ「有化」したものにすぎず、そこでとりだされる「非連続の連続」も同様に「無」のたんなる実体化であると批判しているのである。それゆえ「非連続の連続」として語られる「非連続」の契機は、全体的連続性に亀裂をいれるというよりも、むしろ「無」の直接性に解消されると主張されている。これに対して田邊はあくまでも、媒体としての「種」が、それ自身として「有」の意義をそなえており、非連続の連続は、それの否定作用によって「有」が「無」を含むことから提示されるというのである。

これは西田的な述語論理と、田邊が（まさに媒介の理論として）重視する繫辞の論理の対立にもむすびつく。

「従ってその場所たる一般者も、相対的一般的なる種を対立なき極限にまで拡大したものたるに止まり、真に無即有たる絶対否定の意味を有しない。それは実は媒介なき媒介として無媒介に止まる。従ってかかる無の論理は論理にして論理でないのである。その論理たることの表徴として示される所の、判断的一般者の説が、我々の絶対媒介の論理の要求する如き繫辞の論理に立脚するものでなく、述語の論理に立脚するものなることも怪しむに足りない(19)。」

述語論理においては、場所のシステムを判断的一般者、自覚的一般者、叡智的世界と深めていっ

(17) 同書、二二六頁。
(18) 同書、二三四―二三五頁。
(19) 同書、二四〇頁。

たうえで絶対無の場所にいたることになる。田邊にとっては、それはまさに「無の場所にまで拡大せられるに止まる」論理ならざる論理でしかない。「無」の論理は、いかに述語論理にしたがうとのべられても、まさにベルクソン的な生の哲学がそなえている非合理性を肯定するだけのものだというのである。つまりそれは、「実は種の上を一般と特殊の両方向の極限の間に彷徨する」だけのものであり、その極限性がどちらを向くかによって「生哲学の場合の有限態を無限態に転じた結果、有即無の媒介の論理を有する如くに見える」ものであるというのである。[20]「有」の極限とはベルクソンの連続体の直接性のことであり、「無」の極限は西田の絶対無の直接性のことである。だが田邊的な視角からすれば、ここには「反対者の帰一」としての、対立するものの同一視がみられるのみなのである。そこでは「有」がダイレクトに「無」とおりかさなっている。それゆえ、西田が「無」をへることによって提示したかった本来的な意味での「非連続」が語られることもありえないことになる。

ではとりだされるべき「非連続の連続」とは何なのであろうか。開かれた社会共同性の基盤となるべき論理としてみいだされるべきものは何か。この点について、述語論理に対抗する繫辞の論理に言及しつつも、田邊の主眼は、やはり数学的な連続体の議論に依拠していく。それは「無」の媒介により、個物を「異他性にかかわらず直接に」むすびつける抽象的なものではなく、媒介の否定による連続性の形成という「有」の側から語られるものだというのである。[21]

「個物の限定にはそれの否定的媒介たる種が連続性の契機として存し、それの否定即肯定が連続と非連続との相即として、真に具体的なる連続を成立せしめるのである。[22]」

媒介たる「種」の立場に定位し、「無」の位相を拒絶する田邊は、「非連続の連続」を考えるときにも、まずは連続性の側から非連続と連続を統括する「有」の契機をみいだすべきであると論じていく。いささかこみいった論旨になるが、ここで田邊はつぎのようにのべている。

「すなわちいわゆる非連続の連続に対し連続の連続を主張するのである。単に直接的なる連続に終始するのではなく、非連続を通じて媒介せられた連続を具体的なるものとするのである。[23]」

ところが数々の論理は、こうした連続と非連続とを統括する連続を、高次の連続性としてあつかってしまい、またもや全体主義に陥ることになるといわれる。そのひとつの例が「縁暈《えんうん》」と「焦点」をもちいた思考であるとされる。

(20) 同書、二四一頁。
(21) 同書、二五五頁。
(22) 同右。
(23) 同書、二五六頁。

「事実旧き集合論は一見反対なる要素主義の立場から実は大体このような考え方を用い、ただ集積点が各所稠密に存するのみならず、如何なる点も集積点であることに由って、連続の概念は残無く分析せられたと考えたものであろう。従って縁暈と焦点とは相対化せられることも必然であり、これに由り連続の連続の説が完成せられる如くに見える。[24]」

ここで田邊は、ベルクソン的な連続性がそれぞれの異質なものを内側から連結させてカヴァーする事情と、数学的な無限論における連続体の概念が、焦点を介しつつ縁暈的な相互性による蔽いあいによって、連続の連続を形成するロジックをともに批判する。それはやはり田邊的な意味での絶対的な媒介ではない。田邊がのべたいのはこうした「高次」の連続性ではないからである。そして、数学の基礎論の危機とは、まさに、「かかる順序系列の極限として連続を構成するの不可能なること[25]」によってまねかれたのではないかと主張される。

順序数と連続性を巡る議論は、「縁暈」と「焦点」という、無限に稠密な連続性をどのように把捉するのかということだけではなく、それらの順序性を逆転させる事態をも含みこまねばならないというのである。「種」の連続性には個の否定が弁証法的に含まる。だからそれは稠密な連続体ではない。むしろそうした連続性が含んでいる順序数的なあり方を、「種」という概念がもつ絶対否定によって「有」のあり方から破綻させる必要がある。無限論的なものが示す高次の連続ではなく、「無」を含む「有」こそが、否定的媒介でありつづける「種」のあり方だというのである。

それゆえ田邊が、連続性の思考にきわめて親和的な「微分哲学」に強い反感を示していることも当然であるだろう。「種の論理の意味を明にす」のなかで田邊はつぎのようにのべている。

「このいわゆる punctum saliens aller Lebendigkeit〔すべての生き生きとしたものの発出点〕ともいうべき行為的転換点が個に外ならない。これに由って種が類の全体的統一に否定転換せられ、即自的に統一を代表した種的契機が全体の類となる。全体と個体とは相即するのだが、その否定的媒介となるのは種の基体に外ならない[26]。」

ここでは「個体」という、田邊にとって「種」に依存する契機が描かれていくのだが、それは微分的な議論を肯定するものではなく、あくまでも「種」からの個体の成立に定位したかぎりでの議論になっている。それはつぎの引用からもうかがえる[27]。

(24) 同書、二五七頁。
(25) 同書、二五八頁。
(26) 同書、三九九頁。
(27) 微分哲学にかんする西田と九鬼周造のつながりについては、拙著『西田幾多郎の生命哲学』〔講談社学術文庫、二〇一一年〕に所収の論考「生命と微分——西田と九鬼をめぐるひとつの考察」で論じておいた。微分論やそれに関わる思考の系譜は、一九世紀哲学の本流ともおもえるが、それを〔コーエンに対する見解などにみられるように〕ヘーゲル的な語り口において否定する点で、田邊の位置を推し量ることができる。だが「種」を具体的な時空複合体ととらえるかぎり、微分の論法は、田邊にとっても捨てきれるものなのだろうか。

「……極限の微分的連続的なるはたらきが、生産作用として系列要素生成の原理たるに依る、のでなければならぬことは、容易に注意せられる。いわゆる外延量としての系列の生産が内包量の原理たる微分を根源とする、と考えられる所以である。[28]」

ここでの「生産作用」とは、あらゆる生命性の発出点たる微分の働きを指している（この議論の背景にはコーエンの微分の議論に依拠した根源哲学がおかれているだろう）。ところがこうした主張に対しても、田邊は「ところで微分は連続量の単位であるから、微分を原理とする内包量の連続的生産に否定の容るべき余地が無いことも明である[29]」と批判する。「微分は無に向かう有」にほかならない、あるいは微分が無限小によるとしてもそれは「無を蔽うための有」でしかないと田邊はとらえるのである[30]。それにより、ベルクソン的な連続性（無限の縁暈によるつながりとその微分化における個体の発生論）と西田的な「無」の議論（「無」の場所からの限定により、微分的限定による発生を可能にしようとするそれ）の両者を田邊は批判するのである。

「世界図式論」へ

さて田邊の「種」の記述が、基本的にベルクソンや西田を下敷きにしつつも、ベルクソンや西田のあつかう連続性や「無」の場所、あるいはそれを展開する材料としての微分や数学基礎論などを主題としながら、両者の立場を批判することによって成りたつことをみてきた。だが、こうして描かれる「種」とはそれ自身としては何なのか。それが社会哲学を前提とするのであれば、このような事情は、「行為的」な「具体性」にどうつながるといえるのか。

これを考えるためには、田邊がポジティヴに「種」について語っている場面を検討すべきだろう。そこではまさに「世界図式」という事態が中心となる。田邊は、カントの図式論をへながら、自己の主張する「種」の議論を図式論として規定していくのである。

「絶対媒介の論理においては論理はその否定態たる直観と媒介せられ、論理は直観の契機を含むと共に、直観もまた論理の契機を含む。ここにカント哲学の概念を適用すれば、論理は図式化せられ、直観は構想化せられる、といってよい(31)。」

ところが田邊は、カントに依拠して語られる図式論にかんしても、カントの議論をそのままうけいれるわけではない。田邊はカントの図式論について、それが時間的な形式を重視し、内官と外官との接触において、感性的受容性と知性的自発性との接点(つまり図式の形成される位相)をみいだ

(28) 『種の論理　田辺元哲学選I』、四〇七頁。
(29) 同右。
(30) 同書、四〇八頁。
(31) 同書、三〇八頁。

すものであるにもかかわらず、カントがつねに時間性を重視していることを批判する。

「しかるに彼〔カント〕は図式として単に内官の形式たる時間のみを取上げ、範疇がそれにおいて直観化せられる関係ばかりを図式論の内容とした。……時間そのものの持続を以て実体の範疇を図式化するのもやむを得ざるに至った。[32]」

だがそこにおいて時間の持続を、田邊的な「有」へともたらす基体とは、実際には空間以外にはないといわれる。むしろ空間性が図式論のなかで、それをまとめると想定される時間性に対して否定的契機として働くことにより、弁証法的媒介として機能するというのである。図式論においては、時間と空間とは内的に対立する媒介的契機として作用することにより、その「種」としての意義を明確にするのである。この意味で、田邊はカントの図式論はあくまでも「時間図式」でしかないと主張する。それゆえカント的な「内官」(田邊の表記をそのまま使う)の議論は、ただの認識論的議論にとどまり、最終的に観念論的であることを抜けだせない。田邊はこうした「時間図式」ではなく、空間的契機をもつ「世界図式」こそが、図式論の正当な姿であると考える。「世界図式論は正に空間的基体と時間的主体との否定的統一の媒体たるに由って、その途〔両者の綜合の途〕を提供するであろう[33]」。

だが、田邊も言及するように、カントの図式論を評価しつつ、そこでの観念論的な問題から抜けだす途を探ったのは、まさにハイデガーではないのか。ハイデガーについて、田邊はどのように考えているのだろうか。

田邊はハイデガーについて、「時間存在の存在論を建設」し「自己の見地からカントの理性批判をかかる存在論の先蹤と看なし、図式論をもってその中心をなすものと解した」ことを評価する。だがカントにおいて「人間学的存在論を唯一の主動機とするものではない」ことは明らかであり、そうであるかぎりハイデガーののべる「人間存在の有限性を解釈したもの」として図式論をもちだすこと、つまりはハイデガー的な存在論への前哨としてカントの図式論をとらえることはやはりあたらないとのべる(34)。

これは『純粋理性批判』の第一版と第二版を巡る周知の問いにも連関するのだが、田邊は、ハイデガーとは異なり、空間的契機をより明確に導入している点で、第二版のカントを重視している。あくまでも存在と時間という構図のなかで存在論を設定していくハイデガーも、田邊の視角からすれば、時間と空間の否定的な弁証法においてとりだされるべき「有」と「無」のあり方を、的確に示すことはできないととらえられてしまう(35)。

だが、こうして提示される「世界図式」が空間と時間との弁証法的な位相であるとしても、その議論が社会哲学を具体化することはどのように可能になるのだろうか。田邊がそこで「基体即主体

(32) 同書、三〇九頁。
(33) 同書、三一三頁。
(34) 同書、三一九頁。

として歴史社会に自己を実現する具体的なる人倫的主体」[36]を提示するとのべていることは、どう理解すればいいのだろうか。

ここでいくつもの疑問を感じざるをえない。田邊は確かにこうした「世界図式論」を、「種の論理」を具体化するものとして提示し、そこで西田的な「無」の論理からの最終的な離脱を企てようとしてはいる。しかしそこで「世界図式」とされているものと、実践的な主体と個、あるいは国家というあり方とのつながりが鮮明になっているとはいい難いのではないか。確かに空間性を介在させることで、時間的な主観性に偏りがちであった当時の西洋哲学の観念論性を批判することは必須であったかもしれない。とはいえ、時間性に対する空間性の等化視とは、西田の議論はいうにおよばず、たとえば和辻哲郎の思考においても明示されていることであり、それ自身は当時の京都学派のなかでさほどオリジナルな発想ではない。しかもその際、空間として提示されてくるものは、中期以降の西田では「身体」とその実践的行為であり、和辻ではいうまでもなく「風土」的な環境性である。田邊がそこに「民族」、「(民族)国家」をあてがいたいという意図は明確であるし、なおかつそれが、連続性の議論でみたように、個を圧殺する全体ではなく、むしろ全体を止揚するような開かれた社会体であるべきであることも理解できる。だがそこで社会性として示されているものが、とくに「種」ということで何として語られうるのかはっきりしないのである。

「種」が、類的普遍と個的特殊に対する中間的媒介性であり、連続性(生命の連続)と非連続性(「無」の位相)に対する「非連続の連続」のあるべき姿であり、具体的で実践的な社会像がそこに提示されるとしても、それが「世界図式」という仕方で描かれる必然性はどれほどあったのだろうか。あるいは「世界図式」という論じ方そのものが、「種」とは結局何なのかという問いに、不明確さを残すとはいえないか。なにしろ「種の論理と世界図式」と題される論考において、図式論が検討されるのは、六章あるうちの最終章においてであるにすぎない[37]。この点をどう考えるべきか。

（35）ハイデガーが『カントと形而上学の問題』（一九二九年）で、図式論を時間的な感性論と強くむすびつけて『純粋理性批判』の第二版を低くみなし、田邊とは逆の見解をだしているのは（同書、第三〇節）、そこからハイデガー以降の現象学の議論の中心をなす触発概念（とりわけ同書、第三四節）が提示されてくることとあわせて、京都学派におけるハイデガーの役割を考える手だてを与えるかもしれない。現象学はこの後、さまざまな意味で自己触発の概念装置に、すなわち時間の根源性というあり方にこだわりながら自己について思考する。しかし西田、田邊、和辻哲郎はいずれも、自己触発としての自己性という問題を最初から退けつつ議論を展開している。それはいささか性急な唯物論の摂取であるとのべるべきなのか、あるいはこうした時間論的観念論が日本語の思考に本性的に根づかないことの帰結であるのか、さまざまに考えるべき論点が残されている。

（36）『種の論理　田辺元哲学選Ⅰ』、三二一頁。

（37）先の註で示したカントを巡るハイデガーへの批判はむしろ「図式「時間」から図式「世界」へ」（一九三二年）（『田邊元全集　第六巻』筑摩書房、所収）に詳しいが、そこでは相対性理論がみいだす時空複合性が、より根本的なものとして示されていることは注目に価する（同書、四五―四六頁等）。これは、田邊の「世界図式論」を具体化してとらえるときのひとつの方途といえるが、それを検討するためにはベルクソンやホワイトヘッドなど、この問題と格闘した幾多の思想家とのつきあわせが必須になるだろう。

さらなる問いの方向

冒頭の問いに戻ってみる。問題は、「種」とは何かを巡る田邊の記述がきわめて多義的であることにあった。一連の「種」についての議論をみるかぎり、田邊は「種」を論理的関係からとりだして社会的事象にむすびつけながらも、それを具体化する際にはカントの図式論を変容させた「世界図式論」を提示するだけである。だが、「種」という言葉に不可避的に含まれる生物学的な民族性は、田邊が「種」として論じているものが民族的な国家性であるかぎり、必ず効いてくるものではないか。それが深く論究されないのであれば、社会的な意味での個体と全体との否定的な媒介性と、時間と空間との否定的な媒介性としての「世界図式論」(「世界論哲学」)とが、ぴったりかさなるとはいえないのではないか。確かに時間性への傾斜が観念論的な思考を導くとしても、それを空間化させればただちに具体的な社会性に拡げられるとはおもわれない。両者の間には、まさに西田的な身体や、和辻的な環境という、ある種の装置性がはいらなければならないはずである。田邊ではおそらく「民族」を提示することが可能な道筋だとおもえるのに、「世界図式論」ではそれが論究されることはない。

それゆえ、田邊における「種」の議論のハイライトは、やはり西田的な「非連続の連続」の概念を、時空を対立させる弁証法のなかでとらえ、それを連続体的な議論(縁暈概念と焦点概念のむすびつきによる無限論的な稠密の議論)にも解消されず、「無」の論理からの展開(それは個体としての

「有」を主張しつつもつねに「無」に落ちこむものとなる）でもない「何か」として露呈させたことに求めざるをえないのではないか。西田の絶対無が、表現を絶する「無」を描くにもかかわらず非常にポジティヴに読めるのとは対照的に、「有」から否定的媒介をのべる田邊の議論は、最後まで否定性の色彩が濃い。

そうであるかぎり、つぎのように主張せざるをえないのではないか。

まず、「種」とはこのようなものであるかぎり、一種の時空の対立的な「有」として、まさにそれ自身が変化しつつ、母胎＝マトリックスとして個を産みだし全体を派生させる、そうしたシステム性において描かれるべきではないか。田邊の「世界図式」はそれを狙ったものとして読める。だがそれを貫徹させるには、こうした「世界図式」自身の動性、それが個や全体を派生させるメカニズム、さらにはこうした「種」そのものの認識可能性を論じなければならないはずだ。田邊の「世界図式論」を、いわゆる構造主義的なものの先駆とみなすことは可能であるが、そのためにも以上の議論をおこなう必要がある（田邊がそれをいささかでもなしているのであれば、それは数理哲学の領域においてであるのかもしれない[38]）。

ついで、そうであるならば、結局田邊の議論は、「非連続の連続」という主題の徹底化であるとしかいいようがないのではないか。いわばその議論は、あれほどまでに論敵にしていた西田の「手

（38）　これはまさに、前註でのべた相対性理論を含む時空複合的な議論に関わる課題である。

の内」にあることは否定できないはずだ。西田の（そしてそれが前提とするベルクソンの）議論をへることなくして、田邊がのべていることをそれ自身として評価するのは難しい。そのことは、「種」と規定されるべきひとつの要素である生物学的な民族性を、「種」がよってたつ位相として検討する視角が田邊に希薄であることにもよるだろう。後期西田の生命主義こそがむしろそれに直結する主題を展開しているのではないか。

そして最後に、だがそれがゆえに、田邊の議論にオリジナリティが欠落しているといえるわけでもない。田邊の批判的議論は、まさに西田後期のポイエシス概念や絶対矛盾的自己同一概念を強く規定し、田邊後期の議論そのものとおりかさなっていくものではないか。個人的な断絶や感情的な行き違いを別にするならば、田邊が西田をあれほど執拗に批判していたポイントである「無」の場所からの発出論という発想を後期の西田は放棄し、まさに「無」が「有」にはいりこむ弁証法的な矛盾の同一を描こうとしているのだから、そこで西田の議論そのものが、田邊のそれと共振しているはずである。西田－田邊という対立を、「無」（個）と「種」と、それに加えてベルクソン的な全体という三項構図で描くのは、それぞれの中期までのことであり、本当の両者の対比は、それぞれが袂を別ったあとにこそ訪れているのではないか。このラインをさらに追求していくことが、田邊の議論の意義を生産的に示すものとはいえないか。

第三章　田邊元とマラルメ
――日本哲学とフランス思想の一接点

京都学派系の日本哲学が、フランス思想の初期の日本への導入において、おおきな役割を果たしたことは改めてのべるまでもない。西田幾多郎の発想のそこここには、初期ベルクソンの純粋持続との関連やその超克の試みがかいまみられるし、のちにおいてもメーヌ・ド・ビランなどフランス系の思想家の影響もしくはその独自の解釈が、彼の思考の軸のひとつをなしていることは間違いがない。九鬼周造は、京都大学におけるフランス哲学の講座を担当したが、そうした職業上の事情をのぞいても、彼の「偶然性」と「いき」を導く発想は、もちろんそこで引用される新カント派の重要性は看過できないものであるとはいえ、西田とは違ったかたちでフランス哲学を日本語の思想のなかに織りこんだ事例ととらえることができる。

さて、田邊元である。田邊が晩年に、北軽井沢の別荘に籠もった状態にあるなかで、一面ではヴァレリーやマラルメの詩に対して相当の関心を示し、それどころかそこに哲学的思考の収斂点をみていたことは、日本の哲学とフランス思想との関連を考えるときに論及しないわけにはいかない。

もちろん田邊元は、所謂「種の哲学」を論じていた時期においても、フランスの社会哲学や社会思想をあつかっているし、ベルクソンをも含む当時の思考潮流に、相当の関心を払っていたことは確かである。(1)

しかしながら、晩年の田邊のマラルメのあつかい方、果てにはその詩の私訳を試みさえするという姿勢は、西田との厳しい論争や、リゴリスティックな科学哲学や論理学の論者として田邊をイメージするものにとっては異様な感にさえおそわれる。まだ考察の対象を、ドイツ系の哲学からフランス系の哲学に移したというのであれば話はよくわかる。しかしここでは、思想的な内容が色濃いとはいえ、詩があつかわれているのである。田邊自身がのべるように、そこにはハイデガー後期の、リルケやヘルダーリンの詩を論じた思索からの影響、もしくはむしろそれとの対決があることは想像に難くない。とはいえ、いわゆる文芸評論の分野に乗りこむのではなく、ヴァレリー、マラルメ、さらにはマラルメ論の評者としてのブランショをも読み解きながら、それを渦動や死復活をテーマとする自己の思考の中心に配置しようとする田邊の行程には、やはり一種の驚きを隠しえない。

さて、「田邊におけるマラルメ」を主題としたこの論考において何が考えられるべきだろうか。第一には、そこにみられる田邊の議論の変遷であるとおもわれる。「種」「絶対媒介」、カントやハイデガーを批判しつつ形成された独自の「図式論」をテーマとして「種の論理」を築きあげ、まさに水も漏らさぬ思考を徹底させつつ、そのプロセスで西田の「絶対無」を批判した田邊が、議論の主題をおおきく切り替えたのは何故なのであろうか。

何も、詩をあつかったから、田邊のリゴリズムが消滅したなどとのべたいのではない。田邊が論じるヴァレリーにせよマラルメにせよ、田邊がそれらにひきつけられたのは、そこでの思考の厳密な純粋性故であったことはいうまでもない。とはいえ、「種の論理」では、あえていえば「社会哲学」がやはり基本であって（田邊の「種」は、生物学的なものではなく、まさに論理学的で社会学的なものでしかない。その点で、西田が生物学的な知を正面から論じたこととは対照的である）[2]、死と生の問いそのものを論じる文脈とはかなりの相違がある。論者は、田邊が西田の絶対無を激しく批判し、さまざまな意味で交流を断ちながらも、こうした最晩年の議論において、田邊と後期西田の議論とのあいだにはきわめて接近したものがみいだされると考える（逆にいえば、西田の後期の思想も、無論それ自身は西田の思考の内的展開であるとはいえ、相当に田邊の批判を意識したものにもみえる）。だがとりあえず、そのことはここでは措かざるをえない。

それゆえ第二の問題、むしろ田邊が最晩年にマラルメを読む必然性が何処にあったのか、これを問うことが、より重要な主題として浮きあがるだろう。

この問題を考えるときに、マラルメについての基本的な文献である『マラルメ覚書』がまずは重要である。そして同時に、『マラルメ覚書』と密接な連関をもつ、「生の存在論か死の弁証法か」についても論じる必要がある。

（1）とりわけベルクソンの『宗教と道徳の二源泉』などへの関連は、それ自身踏みこまれるべきテーマであるがここでは措く。

（2）本書第二章を参照のこと。

第一の論点ともかかわるが、そこでの田邊の論じ方は、ぎりぎりのところで、自己の徹底的な批判対象であり、それ故に、もっとも執着した対象でもあった西田の後期の言説にきわめて接近している。確かに「渦動」や「死復活」といった田邊固有のタームが導入されてはいる。しかしそこで問題になっているのは、生と死が、あるいはあることと無とが、究極的にまでむすびつき、「渦動的」な運動をなす位相そのものなのである。問われているのは、まさに時間における「現在の現在」「(現在であることの)反復」「「反復」の渦動」であり、それによって示される「不断の動的統一」「転入転換」にほかならないのである。「その個別転換の局所的即非局所的位相なる、自覚の遠近法的普遍性以外に、全体的同一性はあり得ない故、まさにそれは個即全の動静一如である」[3]。これは後期西田の文章であるといわれても、ことさらな違和感を感じないものではないだろうか。そしてこうした「現在の現在」において遂行されるのは、まさに「行為的自覚」そのものなのである。

また、これらの議論において利用されるスパイスは、あいも変わらず「微分」と「積分」であり、そこで語られるデデキント的でさえある「切断」にほかならない。「微積分の切断的無即有なる、動力学的突破即「反復」的還帰」[4]こそが焦点となるのである。ただし同時にそこでは、論考「メメント モリ」で記述され、さまざまな場所で引用される、葬儀の場面における師と弟子の問答が基底をなすことにもなる。それは、「生か死か」を問う弟子の問いに対して、師が「生ともいはじ死ともいはじ」としか答えない問答のことである。生でもなくまた死でもないこと。生と死が相互に反転交替し、そのなかで「永遠の今」から現勢的なものが「自覚」として浮きあがってくること。これが田邊の独自の思考の基底におかれている。そして、その背後にはハイデガーや現象学への根本的な批判がある。ハイデガーは、現在という切断面がもつ死生の行為の動性について正しく把握しえず、絶対偶然としての死という形而上学的根底をとらえそこなっているとされるからである。それでは時間概念はいたずらに平板化され、「永遠の現在」が生死交替する深層から論じられることはなくなってしまう。

マラルメの詩作が評価されるのは、まさにこの論脈においてである。マラルメについて田邊は、その作品『イジチュール』をカント的な「超越論的弁証論」に、そしてその一章から派生したのちの詩作である『賽の一振りは偶然を廃することはないだろう』(田邊の表現では『双賽一擲』)をヘーゲル的な「弁証法」に応じたものととらえていく。その前者は、いまだ「同一性的分別の抽象論理」の枠内にあるがゆえに、主人公イジチュールは、ある種の矛盾に対面した停止に陥り、最終的には自殺という、自己決断なき「自然的衝動」に屈するとされる。それに対し、後者はそこでの矛盾そのものを「積極的意志」によって乗り越えると描かれるのである。それは、形式論理に逢着することを超えて、一種の絶対偶然の肯定を可能にする自由な行為の、しかし死そのものをはらんだ動的な帰結である。「『双賽一擲』の解釈者はいずれも『イジチュール』に対するそれの関係を考慮すること常であるけれども、この論理的着眼を欠いては、関係の洞察、透徹なることを得まいと思ふ。詩人の半生を費やさしめた、前者の成熟に対する思索の惨憺たる苦心は、カントからヘーゲル

(3)『田邊元全集 第一三巻』筑摩書房、二四四頁。
(4) 同書、五三三頁。

への哲学の道にも比せられる。その深き意味は容易の観を許すものではない筈である」[5]。マラルメの試みは、まさに師への禅問答の問い「生か死か」に対し、その形式論理上での結論を求める弟子の性急さから、「生ともいはじ死ともいはじ」という「動的統一」における「行為的自覚」へと向かう、思考の展開そのものとパラレルであるとされるのである。

双賽一擲＝賽子の一振りという、まさに「現在性」にかんする動的触発の議論は、それこそドゥルーズが、『差異と反復』の第三章において、まさしくマラルメを引用しながら展開していた当の主題でもある。また、「現在の現在」という深みが根源的な偶然性に接触し、平板化されない現在の特殊性を把捉させるという発想は、木村敏がのべるような、現在性そのものの病でありその構造でもある「イントラ・フェストゥム」(祭りの直中)が指し示すものでもある。論者はかつて一書を著し、この問題をとりわけ「賭博」という観点から論じたことがある[6]。そこでの議論は、どちらかといえば、西田がのべる現在性の議論に近いものであった。田邊の発想は、まさに西田が論じた現在性の狂気とでもいうべき事態を、田邊流の議論にひき絞りつつ自己展開したものとして、そしてそのなかで、まさにフランス・モダニズムの思想を中核にとりこんだものとして、おおきな意味をもつとおもわれる。以下、そこで主題化される論点を、順次みていくこととしよう。

田邊の思考の変遷

最初にのべておいた、田邊の思考の変遷についてまずは論じてみる。繰り返しになるが、異様におもえるのは、田邊がとりあつかっている題材および主題の変化である。

いうまでもなく最盛期における田邊のオリジナルな思考を形成するものは「種の論理」にほかならない。こうした田邊の思考は、「西田先生の教を仰ぐ」にみられるように、西田の思考との強い緊張関係をたもちつつ成立したものである。ここで詳述することはできないが[7]、そこでの田邊の議論は、西田の絶対無の意義を認めつつも、それをある種の神秘主義的な発出論として批判するものであったといえる。

ここには二つの批判的論点がこめられている。まずは、中期（正確にいえば中期初期の）西田が到達した「絶対無」の境地が、ある種の宗教的観想の産物であり、哲学の理論として提示することは不可能ではないかという点。そしてもう一つは、そうであれば、西田の議論が「絶対無」の位相からすべてが流出するという仕方で現象を説明する、神秘的なプロティノス主義に陥っているというのではないかという点である。

これは一面、田邊の「絶対媒介」の思考を打ちだすために不可欠な措置であったといってもよい。

（5）同書、二〇七頁。
（6）拙著『賭博／偶然の哲学』（河出書房新社、二〇〇八年）を参照のこと。
（7）拙著『西田幾多郎の生命哲学』（講談社学術文庫、二〇一一年）を参照のこと。またこの点を巡りつつ、マラルメ論へと展開していく田邊の行程については、杉村靖彦「死者と象徴」（『思想』二〇一二年一月号、岩波書店）、また同号、加國尚志「沈黙と偶然」を参照のこと。

そこで示される「種」の実在性は、まさに「絶対図式」の思考と連携し、社会体、民族、国家という（いわば人為的で社会的な）事態の成立に向けて語られるものであった。それは、あくまでも生命的な流れへの直接性を重視し、そこからの自覚的な自己分化を論じる西田の発想とは、鋭く対比されるべきであった。直接的無媒介の極みである「絶対無」と、「絶対媒介」である「図式」とは、けっして折りあうものではないのだから。

西田も田邊の批判に対し、ある意味では反発し、ある意味では応戦してもいる。西田は「種の生成発展」を論じ、そこで「種」が、あくまでも論理的なものととらえられるだけでは問題があり、むしろ「種」そのものが生成発展していく動性を示すべきであると論じている。これは、西田においては、きわめて当然の対応であったといってよいだろう。

ただ西田は、それが田邊の批判に応じたものというべきかどうかは判断が難しいかもしれないが、「絶対無」の思想を主張しつづけたわけではない。『無の自覚的限定』において明らかであるが、そこでは「永遠の今」、「生」のなかの「死」、「自」のなかの「他」がテーマ化され、「絶対無」に関連する位相は、単純に神秘的な無底におかれるものではなく、現在を切断しそれを動的に動かす契機として姿を現してくるのだから。後期西田において論じられるポイエシスは、道具の製作であれ、歴史制作であれ、流れの切断による、あらたなものの現勢化のことである（まさに「形」から「形」へ、なのである）。そしてそのロジックを展開させるときに、「絶対矛盾的自己同一」の記述において多用される「即」の論理が、まさに手をかえ品をかえ、あらゆる文章にあふれだすことになる。

あえて事態を俯瞰的にみるならば、まさに死復活や死生を論じる田邊の記述は、こうした後期西田の語り方に、みまがうほどまでに接近している。それは田邊の西田化（あるいは再西田化）であろうか。こうしたいい方に何の意味があるかはやはり措くとしても、生と死という、まさに生物学的な境界そのものに、あの鋭利な論理主義者田邊が、矛盾をこえてたち向かっていかざるをえなくなったことは確かだろう。これはおおきな転回であるはずだ。

しかし、当然でもあるが、西田的な「即」の論理をもちいつつも、それを「渦動」あるいは「死復活」と描くことで、田邊は何か西田とは違う方向からものをみていたようにもおもわれる。そしてそのなかで田邊は、「永遠の現在」あるいは「永遠の今」における時間の根源的な動性を指し示すために、西田では巧く導入されきっていなかった領域を描きだしているようにみえるのである。「死」というテーマは西田でもみうけられるものである。しかし田邊の議論においてあらたに導入されるのは、まさに「絶対偶然」の議論なのであり、「永遠の今」の深みを、神秘的位相にするのではなく、絶対偶然が（まさに常識的な偶然ではなく、木村が語るイントラ・フェストゥム的に）機能する領域として提示することなのである。そしてマラルメの議論は、そこでこそ欠くべからざるものとして導入されてくることになる。

ついで『マラルメ覚書』等をめぐる田邊の議論をみていこう。

『マラルメ覚書』における時間論

こうした観点からすれば、『マラルメ覚書』の議論が、時間論からはじまることは、さほど奇妙なことではない。マラルメを中心とするここでの議論は、全編にわたって現在の深さとかかわる絶対偶然の議論をめぐるものであり、田邊がのべる「振動的渦動螺旋」とは、この領域での実在の運動を指し示すものにほかならないからである。

田邊は、まさに時間論の定石として、ここで周知のアウグスティヌスの時間論から検討を始める。田邊はまず以下のようにのべる。

「アウグスティヌスの時間論の核心といふべきものは、常識的に時間を水の流れの如く客観的に存在する対象と観ることを斥け、時間を飽くまで現在の自覚に於て統一せられる意識の綜合に成立するところの主観の構造と認めたことに存する。[8]」

このアウグスティヌスの姿勢はある程度評価されるべきものである。というのも、これによって過去と未来の時間性が、「過去の現在」「未来の現在」として理解され、すべてを現在化することで「時」の弁証法が可能になったとされるからである。それは結局のところ日常的な時間理解に浸されてはいるのだが、そこから先に進む道筋を確かに示すものである。

さらにいえばアウグスティヌスは、そうした過去と未来とが、単純に弁証法的に現在において成立するととらえてもいない。というのも、アウグスティヌス自身「現在の現在」という奇妙な言葉を導きいれているからである。そこでは「現在の自覚が「時」の基底をなすといはれるであらう(9)」と記されるように、現在そのものの不思議な重層性こそがあらわになる。それについて田邊は以下のように語る。

「それでは「現在の現在」とはどこにその不思議な構造を有するかといへば、それは「現在の」と指定せられるとき、すでにそれが現在の意識に現前する筈であるのに、また更に、「現在の現在」とそれが重複せられるからである。(10)」

「現在」とは一面において直接「現前」するものにほかならない。だがそれは、あらゆる時間がそこに基盤をもつものとしての「媒介せられた高次の現前」であり、たんなる直接現前とは区別される側面を同時にもつ。「現在」を可能にする「現在」。このあり方を田邊はただちに「死復活」という事態とかさねあわせることになる。

(8) 『田邊元全集　第一三巻』、二一〇頁。
(9) 同書、二一〇頁。
(10) 同書、二一一頁。

「換言すれば、直接の現前に於て意識の主観であった自我が、今や新たに自覚の対象となるのであるから、直接の自我は否定せられ消滅して、高次の自我に媒介契機として復興保存せられるのでなければならぬ。それはいわば死復活といふべきものである。[11]」

この文章には解読されるべきいくつもの事態が含まれている。一方で現在とは、それ自身が日常的にも明白な〈いま・ここ〉という時間性であることにおいて、生であるにほかならない。だがそれは、まさしく現象的で日常的な生の描写にすぎない。九鬼であれば、それは現象学的・水平的な時間の現在にすぎないとのべるだろう。それに対して、重層的な「現在の現在」とは、生の表面性ではなく、その底にある死を含みつつ、現在そのものが現勢化する「自覚」を思考させるものである。「死」とは、ここでは現在そのものが含む断絶のことにほかならない。現在である場面そのものが、いわば瞬間であることによって保持される切断面以外の何物でもない。

かくして田邊は、アウグスティヌスの卓見を評価しつつも、「現在の現在」という言葉にこめられた深みをあまり理解していなかったと考える。重要であるのは、それを超えた「否定的契機」をとりだしてくることなのである。

「「現在の現在」に於て自覚せられる自我が、一たびその直接態を否定せられてこれに死し、却てこの死を媒介にして復活せしめられることにより、真に本来的なる生の永遠に転ずることは、十分明かに認められないのである。[12]」

ここでは永遠性という主題が重要であることはいうまでもない。しかし田邊にとって、死と永遠とがおりかさなり、そこから自覚が現勢化されてくるその深みこそが議論の中心となるのである。もちろん九鬼であれば、まさにこれを、形而上学的で垂直的な時間性とのべるだろう。[13]

こうした時間についての思考は「生の存在学か死の弁証法か」においても、同様の仕方で論じられている。そこでは「現在の現在」という表現がそなえるトポロジー的事態が、いっそう強く提示されるのである。

「さてその時間の契機としての同時性は、各現在の刹那の有すべき性格であり、まさに永遠の象徴となる。今や時間は永遠の内部に包み込まれる内在的動性には止まらず、各現在に於て永遠が自らを分裂せしめ自己否定的に裂目を作つて脱自的に時間に下降し、或は時間を自己に協力参加せしめるために、超越から内在に自己を制限し実現するところの、渦動中心の協同態を形造るわけである。[14]」

(11) 同書、二一二頁。
(12) 同書、二一三頁。
(13) 現象学的・水平的時間と形而上学的・垂直的時間との対比は、九鬼周造「時間の観念と東洋における時間の反復」『九鬼周造全集　第一巻』(岩波書店)を参照のこと。九鬼においては、表題にみられるように、東洋的時間と西洋的時間との対比が主題とされているが、この問題を田邊は、西洋哲学の核心に読みこんで思考しているともいえる。

そして田邊は以下のようにつづける。

「かくして時間は始元なき不生として永遠に通じながら、しかもそれ自身の動性変易性を自己に保ちて、永遠に対する開口通路となる。[15]」

みられるように、そこでは瞬間の切断的刹那性が「現在の現在」のもつ意味としてさらに強調され、それがそなえる深さからの渦動的な動性がいっそう重視されることになる。底のない現在（「現在の現在」）が、水平的時間とはまったく別種のものとして時間の裂目をなすとともに、そこで現在であることの反復を可能にするというのである。こうした現在の「反復的渦動」によって、「今や永遠の充実完結は自己否定的に否定せられ、時の空間的対称性可逆性が積分的全体に於ては揚棄せられて、ただ現在の刹那に於ける微分的極微振動性としてのみ維持せられるに止まる[16]」。

切断としての現在という主題、そこでの裂け目というターム、あるいは反復を現在というあり方に仮託させ、キルケゴール的なそれを称揚する姿勢も含めて、ここでもドゥルーズの、とりわけ『差異と反復』の反復論との連関を想起しないわけにはいかない。だがこの点もいまは措こう。とりわけ重要であるのは、ここで田邊が、「現在と現在」という、現在の深みそのものを、切断と反復、死と生、永遠の動性そのものとして把握し、その動きを渦動や死復活としてとらえていたことにある。渦動のなかで示される反復は、けっして平板な反復なのではない。それはあらゆる瞬間が現在でありながらも、あらゆる瞬間が切断としての差異を含む反復であるという発想を、ひとつの仕方で提示するものである。ここでマラルメの議論が導入される。

『イジチュール』から『双賽一擲』へ

さて、マラルメに移ろう。すでにのべたように、田邊は『イジチュール』と『双賽一擲』というマラルメの二つの作品を厳密な関係性のもとにおき、前者はカント的な論理的で形式性を軸とし、禅問答において提示される「生か死か」という問いに対する解きえない矛盾を主題としたものであり、その試みは失敗に帰すると断じる。それに対して、後者においては「生ともいはじ死ともいはじ」という、いわば「いはじいはじ」というへーゲル的弁証法に比せられる、死と生とがかさなりあう瞬間が、とりわけ意志の問題とともに、研ぎ澄まされるように析出されるとのべられるのである。後者が、まさに「現在の現在」を実現（ドゥルーズ的にいえば反-実現）させるものであることはいうをまたない。

『イジチュール』においては、イジチュールの自殺こそがその帰結になる。イジチュールは、「この生死の関頭に逢着するや、「生か死か」の岐路に立ちすくみ、そのまま死に駆り立てられ押流さ

(14)『田邊元全集　第一三巻』、五三四頁。
(15)同右。
(16)同書、五三五頁。

れて無意識的に服毒自殺する[17]」と描かれる。田邊は、これはもはや「自覚を貫徹するのではなく、自覚を喪失」することにほかならないとのべるのである。そしてこの『イジチュール』の欠陥を、その「物語」的な表現構造にあるととらえていく。

こうした「物語」性に対立するのが「象徴」である。「象徴」という言葉は、まさに「生の存在学か死の弁証法か」において、表現的生ではなく、「死に於て無に帰する主体に対してのみ成立する[18]」とのべられる、「死復活」をになう「個的」主体をとらえさせるものにほかならない[19]。こうした「象徴」という契機も、田邊はマラルメの『双賽一擲』からとらえているのである。

『イジチュール』に戻ろう。仔細な分析はあるものの、田邊の主張は一貫している。『イジチュール』は、まさに「双賽一擲」と題された章を含むにもかかわらず、そこでは本来の双賽一擲の機能たる偶然性が、死生の域にいたっていない、あるいは意志と自覚の根底まで到達していないというのである。田邊はこう繰り返す。

「イジチュールが日常、自信大望に満てる生を送りながら、一たび懐疑絶望の危機に際会するや、彼の生の平滑なる流れは渦動に巻込まれ、死の深淵に投ぜられるのは、その故である……それはまさに、運命の必然に外ならぬ。それゆゑ、マラルメの制作計画に於て、第四項に「双賽一擲」という名目がありながら、後の同名の詩と異なり、これが標題の Igitur ou la folie d'Elbehnon に対応する如く自殺の狂行を演ずることになつて居るのはそのためである[20]。」

自死にいたるイジチュールの行為は、死生そのものに接近しながらも、それを展開させるものではない。そこでは「このやうな理念の貫通は、同一性論理の、否定に累せられることなき無限汎通の、純粋浄化を完遂せしめるものであるとしても、それは観念論の要請に止まり、本来マラルメが採るところの象徴主義の観念実在論と相容れるものではなかつた[21]」と断じられる。

すなわちこうした自死とは、「たんなる同一性的無限の浄化貫通」であり、それは「自由なる運命の弁証法」もしくは「切断的非連続即連続」がもつ逆説に通じないというのである。それゆえ、「イジチュールの如く運命に反抗して恣意的に自殺を強行し、却て狂気に駆られて運命の必然に支配せられ自由への道を杜絶するのは、一見自由に運命を支配するものの如くに見えながら、実は逆に運命に支配せられて自由を拋棄することでなければならぬ[22]」ということになる。

さて、これに対して『双賽一擲』はどうなのであろうか。そこでは田邊において重要な「象徴」が形式的にも顕著である。『イジチュール』の物語性にたいして、純然たる象徴詩であることによって（まさにその印字において「星辰」を描くことも含めて）、田邊の論じる死が、象徴として個の自

---

(17) 同書、二二五頁。
(18) 同書、五四〇頁。
(19) 象徴について註7の杉村論考、ブランショの読みにかんしては、杉村論考最終章および加國論考を参照のこと。
(20) 『田邊元全集　第一三巻』、二二一頁。
(21) 同書、二二二頁。

覚にいたるとされるのである。
田邊は『イジチュール』の後半部、まさに「双賽一擲」と題される章での記述に、はっきりとヘーゲル的弁証法の働きをみて、そこでの渦動的動性を評価してもいる。しかしながらポイントは、やはり「偶然性」なのである。「マラルメは『イジチュール』に於て、夜半の現在に含まれる右の如き弁証法を、未だ自己に於て十分具体的に自覚するに至らず、そのため遂に、偶然の無限性を通じこれを絶対化することにより、絶対偶然の神秘主義に逃避して、倦怠の極、主人公の自主性なき自殺へと追詰められたのである(23)」。田邊は最大限『イジチュール』を評価しつつ、偶然性のあつかいにおいて隘路に陥ると描いていく。

「この偶然の全面的支配こそ、真に絶対偶然といはれるべきものであつて、イジチュールの立つべき所もこれに外ならない。すでにそれが絶対偶然である以上は、それを逃れる途は無い筈である。しかしながら絶対偶然は本質的に右の如き行為の弁証法に依って成立するものであるからには、それは同一律矛盾律に依つて一面的に規定せられるものではあり得ぬ。飽くまで弁証法的二重的に偶然であると共に偶然でなく、偶然でないと共に偶然であるのでなければならない(24)。」

こうした、偶然であり必然である死において、その「二義性二重性を統一」し、「行為の自由を確保する」ためには、自由の自覚およびそこでの行為の領域が不可欠になってくる。これこそが『双賽一擲』で提示されるものである。

「偶然こそ、自然必然を自由行為に媒介する歴史の契機に外ならない。『イジチュール』が『双賽一擲』にまで発展する過程は、すなはちこの契機の自覚であつたといつてよからう。[25]」

以降、田邊における徹底した偶然性の議論が描かれだす。必然と偶然とは、もちろん「即」においてつながれる事態である。だがいうまでもなく、自覚がそこからたちあがる無の側であり、渦動の底である偶然性こそそこに、おおきな価値がおかれていく。

「人間が「偶然」を排除して必然の全般的支配を希求するのも、やはりこの安逸を求めるためと思はれる。何となれば、偶然が存在するといふことは、一々の場合に当面の事象と直接交渉する非常に細密なる用意を必要とするばかりでなく、いかにその用意を勉むるも、なお且つ偶然が不可測である以上は、それが目的に適う至妙の処置に導くことを予期して安心することを、許すものではないからである」「偶然はまさに本質上不安でなければならぬ。[26]」

(22) 同書、二二三頁。
(23) 同書、二三七―二三八頁。
(24) 同書、二五一頁。
(25) 同書、二六五頁。

ヴァレリーの徹底したカルテジアンぶりも、結局はアリストテレス的な論理（いわば主語の論理）に回収されるものであり、数学的な（例のヴァレリーの徹底した数学の厳密さへの執着も）「微積分ないし実変数函数以上」のものではないが、それに対し、徹底した偶然において「生死相関自覚」というパラドックス領域を描く『双賽一擲』のマラルメこそは、学ばずして無と有とのトポロジー空間的な「リーマン式複素変数函数論」の「位相的自覚」にたっていると評価する。イジチュールの船長から、すでに年をへて、自覚的運命をひきうけるにいたった、賽子の一振りの真のあり方がそこにかまみられる。「現在の現在」の垂直性の彼方にあるこの位相こそが、肯定されるべき当のものであり、その行為論的な基底となる。

この点を、いわば背面から照らしだすべく、ここで田邊がハイデガーとブランショを批判的にとりあげていることを一瞥し、『双賽一擲』の議論をまとめることとしよう。

ハイデガー、ブランショ、行為的自己

単純に考えて、詩の考察を軸としつつ思考そのものの展開を企てること自身が、おおよそハイデガー的な試みであるといえる。田邊のハイデガーへの（批判的な）関係は、むろん「種の論理」やそこでのカントの「図式論」を巡る解釈史からひきつがれているものであるが、『双賽一擲』を論じるこの場面でも、ハイデガーへの対抗意識は顕著である。それはたんに形式的な問題ではない。ことはまさに、「現在の現在」という、偶然性そのものを論じることに直接的にかかわっているか

らである。それ故に、この問題はいっそう看過することができないものなのである[27]。

すでに『イジチュール』において、「双賽一擲」を論じた箇所で田邊は以下のようにのべていた。繰り返しの引用になるが、そこでは「この偶然の全面的支配こそ、真に絶対偶然といはれるべきものであつて、イジチユールの立つべき所もこれに外ならない。すでにそれが絶対偶然である以上は、それを逃れる途はない[28]」とされていたのである。それは、アリストテレス的な同一律矛盾律にしたがって規定されうるものではない。それでは死生に根ざした行為の議論と、そこでの自由の確保がされえないからである。

さらに田邊は、死そのものが絶対的偶然性である点を強調する。表面的に考えても、これは死の必然性をひきたて、その本来化を未来という方向に設定したハイデガーに対する徹底抗戦の試みであるといえるだろう。それはやはり、ハイデガーがアリストテレス的な論理にとらわれつづけていることへの批判であるにほかならない。

(26) 同書、二六六頁。
(27) ハイデガーの詩にかんするあつかいも以下のようににべもなく批判されている。「ハイデッガーに於ては、思想はただ既存詩人の用語の解釈を通ずるに止まるから、更に思想の過去伝統的なる框を破つて革新的に言葉みづから、未来に向ひ自由創造を行ふ詩的行為そのものとして哲学にまで転入しこれを発展せしめるとはいはれないやうである」同書、二〇二頁。
(28) 同書、二五一頁。

「……飽くまでアリストテレス的同一性的連続観に立脚するハイデッガーの思想は、なほ抽象的といはざるを得ない。それは実在的否定的契機に含まるる分裂対立性を認めず、解釈学的内在的観念論に終始するかの如く思はれるからである。けだしそれは、実在の動的尖端たる未来的内容が、過去の非真実を解体し掃蕩してこれを更新するためには、過去の保守的勢力の反動に抗してこれと闘ひ、生を賭し死を覚悟するのでなければ、未来的内容の真実に参与し協力することはできぬ、といふ事実を無視するものと思ふ(29)」。

相当に激烈な批判である。そこでは田邊の「種の論理」が、もはやその「図式的」な構造性をつきぬけて、西田的な矛盾的自己同一性の生成論や、九鬼の偶然性における反西洋的な思考への対峙をも、自己の思考にのみ込んでしまうかの勢いがある。マラルメの絶対偶然からみいだされるのは、ヨーロッパ的思考そのものへの批判である。そこでのフランス思想の援用は、ヨーロッパ自身の決定的な近代批判の契機を、フランス・モダニズムから田邊が真正面にひきうけたことにほかならない（まったく同じ事情を私はボードレールを読むベンヤミンにもみてとりたいが、これは別の機会に譲らなければならない。そこでも主題は同じく偶然性にある）。

ついで、僅かではあるがブランショへの言及をみてみよう。田邊はハイデガー批判という論脈のなかでブランショのマラルメ論を評価し、さまざまな現代フランス哲学との関連を想起しうる、「人が死ぬ」（On meurt）という表現をとりあげる。

「ブランショが、死の可能を個人の自覚的能力に属せしむるハイデッガーに反対してこれを不可能とし、ただ根源的転倒の不確定なる無限可能をもつて、人間の非人称的一般的原始経験としての「人は死ぬ」On meurt といふ可能性であると認め、これによつて実在の厳粛から解放せられた「無邪気なる遊戯」としての詩芸術の立場を確保したことはその帰結に外ならぬ。[30]」

だが田邊は、ある種の詩的な遊戯によって事態をとらえようとするブランショに対しても、そこで「同じく虚無、不在を詩の根底」としたことを評価しながら、最終的にはそれを批判する。それはマラルメがおこなったように「理念の光に照らして闇と死との「無」なる永遠の時間的象徴を捉へんとする」ものではなく、「ただ不確定的有の設問の無限に、いわゆる「文学的空間」の不確定的無としての、有に対する超越的框を、定立せんとする[31]」ものだとのべられるのである。

ブランショの『文学空間』の議論は、その不確定的有における無限性のゲームのなかに、ある種の文学の働きと偶然性をみるという意味で、あるいはそこでの徹底的な非人称性が、ハイデガー的な死の人称化に反するかたちで描かれるかぎりで（田邊にとっても、死は絶対偶然との関連である以上、たとえそれが個にかかわるものであろうとも、通常の意味での人間の人格的死が問題になっているわけで

(29) 同書、二七七頁。
(30) 同書、二八三―二八四頁。
(31) 同書、二八四頁。

はない)、むしろマラルメを引用するドゥルーズの姿勢にこそ近い。それゆえ、おそらく田邊がドゥルーズを読みえたと仮定しても、そこにはキャロル的な遊戯性の先端をみるのみであり、自身の弁証法的なあり方との差異を鋭くかぎつけたであろう(逆にいえば九鬼はドゥルーズに、自身の思考との根本的な類似性をみてとったと想像する)。とはいえ、この両者(ブランショおよびドゥルーズと、田邊)とはどこが異なるのか。

問題は、「行為」あるいは「行為的自己」という論脈を(おそらく西田のポイエシスと相当接近しながら、やはりそれとは異なるかたちで)、田邊がマラルメの偶然性の議論の根幹に読みとったことにあるのではないか。先のいささかステレオタイプなハイデガー批判から、意義のある論点をとりだすならば、それは「現在の現在」を深く考察することなく、絶対偶然を考慮しないハイデガーでは、「行為的自己の弁証法」を欠かざるをえないという点を強調することから導かれるだろう。

だが、ここでの行為とは何か。永遠の今、そこからの現勢化的な自覚、現在という瞬間が有と無との切断面でしかありえないこと、トポロジー的な矛盾する空間の提示、これらが問題になるならば、そこでの行為はどのように描かれるのか。逆にいえば、ここでの田邊の象徴詩をあつかった死と偶然性の議論は、ハイデガーに対する批判を含みながらも、行為や現在の問題を論じるときに不可避的であるはずの身体とポイエシスとのかかわりを欠いているといえるのではないか(それこそは、西田がポイエシスを問うときに、そしてドゥルーズが現象学的身体ではないシミュラークル的な身体を想定するときに、不可欠だった論点である)[32]。その意味で、田邊の偶然性の論じ方もまた、相当に観念論的だということにはならないだろうか。

だが、こうした田邊への再批判をおこなっても、それも詮ないことである。田邊の以上の議論から、むしろポジティヴにとりだせる、とりわけフランス思想との交錯は、結局のところ何処にあるのだろうか。

エクリチュール的協同

後期田邊に対する上述の批判的視点は、当然必要であると論者は考える。だがそうであれ、田邊後期の著作群は、そうした批判にとどまらない魅力にあふれたものでもある。マラルメの詩、フランス・モダニズムの思考を真正面からひきうけつつ、絶対偶然、死復活というテーマをとりだす田邊は、一見すると西田とみまがうような記述から、西田とは別の論点を確かにとりだしてきている。「現在の現在」を論じ、日本哲学総体を貫く「あいだ」と「瞬間性」の思考を独自に定位し、それをオリジナルな行為の議論にむすびつけたことは、京都学派の全体を見渡しても、重要な業績として再評価されるべきものだろう。

だがその際、田邊の行為論が、身体性にかんする実体的思考に欠けるがゆえに（それは死復活や

---

(32) 田邊における、血縁としての身体性に対する評価は重要であるが、しかしそれも、たとえば和辻の倫理学において論じられるそれに比べれば、もちろんそこでは和辻とは異なる政治的文脈が重視されるべきではあれ、相当に抽象的であるようにおもわれる。

切断を根本的な論点とするかぎり、やむをえないことであったのかもしれないが）、そこでの行為とは果たして何なのだろうか。それは一面では、もちろん生の根源的な宗教性のことであるだろう。だが他面でそれは、エクリチュールにかかわる「協同」という、別の系譜の問題群を提起してもいるのではないか。

田邊は、『マラルメ覚書』の実質的には論考の最後の部分で（その後に『双賽一擲』の私訳がおかれている）、自らの行為とマラルメの行為とを「協同」的にかさねあわせようとしている。そこでは、読むことと書くこととの、生と死を超えた実践が描かれているのである。

「しかるにマラルメ自身は、制作の行詰まり、自己能力への絶望に動機付けられた全人的危機に際会して、疑惑逡巡の動揺に陥り、その極自殺へ駆り立たれる喪心狂気を経過して、決死復活、遂に『双賽一擲』の制作に達したのであるから、作詩といへども彼にとっては飽くまで主体的なる行為なのであつた。従つてこの詩の解釈に従事せんとする者も、また自ら行為的に同情共感して彼と協同的関係に入らねばならぬ筈である。(33)」

田邊がなしていたのは、たんなる詩の解釈なのではない。それはまさしく詩人との「協同」行為にはいりこみ、そこで詩人の実践に参与し、それを別の仕方で遂行することなのである。田邊自身の翻訳の作業も、まさにそのようなものとしてとらえられるべきだろう。田邊はマラルメを読み、翻訳するなかで、死復活そのものをマラルメと協同し、それを遂げていると考えるべきである。田邊にとって、その具体的実践が収斂するところは、翻訳ともかさなりあうエクリチュールの問題系ではないのだろうか。翻訳の「不可能性」を説きながらも、ボードレールの翻訳をなすことで、その思考を実践したベンヤミンの発想を、ここにもまたかいまみることが可能である。

おそらくこの議論を先に進めるポイントは、まさに文字を軸とした生と死の実践と自覚、エクリチュールにおいてなされる自覚とは何かを考えることにあるのではないか。田邊からとりだされる議論の独自性をとらえるためには、この側面こそが強調されるべきだろう。

（33）『田邊元全集　第一三巻』、二九六頁。

第四章　和辻哲郎の二人共同体について

――二人であることの秘私性と媒介性

和辻哲郎の『倫理学』には、常識的に考えればかなり奇妙な記述が含まれている。それはこの書物の第三章第二節、「家族」を主題にした箇所で論じられる「二人共同体」についてのものである。そこでは、「性愛と夫婦」と副題が付されているように、まさに家族における夫婦という形態が検討されている。だがそこでの「二人性」の定義は、あらゆる意味で相当に奇怪なものにも感じられる。夫婦においては、二者のそれぞれが、一切の秘密をもつことなく、赤裸々に相互にそれぞれを明らかにするとともに、それ以外の家族など（親、兄弟、地域共同体）に対して、まったく完結した隠れた空間を形成するというのである。

近年、子安宣邦がとりあげたことでいささかの注目をあびたこのテーマであるが、(1)和辻に固有な二者性の議論が、それ自体として主題化されることがさほどあったようにはおもわれない。また『倫理学』における記述も、家族から国家へと共同体の議論が展開されていく過程の一段階でしかないようにもみえるし、さらにいえば、二者性にかんする議論がさほど入念になされているわけではない。またここでの主張も、読み方によっては、夫婦の貞操にかんする実に古風な封建的倫理を提示することにいたるだけのものと読めなくもない。とはいえ、二者性の主題化は、和辻の議論総体にとっても、和辻の主張を日本の哲学思想史の文脈におく際にも、多くの論点を含んでいるようにおもわれるのである。

まず、和辻自身における、この議論の位置づけを考えてみる。

あらためてのべるまでもなく、和辻の思考にとって重要なのは「間柄」の概念である。「間柄」とは、差異やその力動的な緊張感をはらみつつ、そうした差異を可能にする空間性そのものを指し示すものであるだろう。このことは、和辻の代表作である『風土』における、時間性に対する空間性の強調を考えれば明らかであるし、また『人間の学としての倫理学』での、「人間」という言葉そのものが「人」の「間」から形成されるという例の文言をとりあげてもよい。前者において問われているのは、主体が存在するというそのときに、そうした主体がすでに環境や風土との「あいだ」にあるという事態である。そして「人間」という言葉がそもそも間柄概念を含むという後者でのべられているのは、人称的なものがそれらの「あいだ」でこそ成立することにほかならない。だが、こうした「間柄」を強調することは、そもそも何を意味するのであろうか。

その答えも非常に単純であるとおもわれる。「間柄」を強調することの意義は、何においても「間柄」以前に存在するものはいっさい認めないということにある。そこで標的にされているものはまぎれもなく一人称的な「個人」であり、とりわけハイデガー的な現象学において提示される、時間的なものとして描かれる自己である。これを和辻は、空間概念によって解体したいのではないか。

　とはいえその際に、関係性そのものを語るときの基本的な単位とは何であるのかが問題になってくる。そこで個人、あるいは主体を軸として関係性を語ることを退けるならば、答えはひとつしかないだろう。それは「間柄」それ自身が和辻にとっての存在論的な基礎単位になるのである。

　こうした基礎単位としての「間柄」を、さしあたり「人称」の問題としてとらえるならばどうなるのか。「間柄」という事象そのものが、空間性を要求しながらも、それ自身はまさに二項的な事態を原理としているようにみえる。そうであれば、そこでは私と他者の「間柄」こそが、すべてを語る基礎単位になるのではないか。そしてそうした「間柄」に該当するものとは、私でも他者でもない「二者」のおりなす特殊で純粋な空間のことではないのだろうか。

　こうした「間柄」の場所とは、自己と他者が未分化であるような、まさしく純粋な「場所」性を指し示しているといえる。これは、西田幾多郎におおきく影響をうけた京都学派の発想の流れにおいて和辻をとらえるならば、純粋経験としての「独我論からの解放」という議論を容易く想起させるものである。だが、ここでの二者の「間柄」は、一種の純粋経験でありながら、むしろ、二者性

（1）『現代思想』の連載「和辻倫理学とは何か」でとりあげられた二者性の議論は、子安宣邦『和辻倫理学を読む――もう一つの「近代の超克」』（青土社、二〇一〇年）にまとめられている。子安は最終的には和辻の国家主義的思考を批判的にあつかうが、その議論のなかでも二人共同体の異様さについての議論は、たんに批判的なだけではないものを含んでいるように読める。

といいつつもどこかしら独我論的な色彩をそなえた奇妙なものでもある。「間柄」であるのだが、それ自身において閉ざされたもの。

もちろん西田と和辻の関係を考察するならば、事態はそう単純ではないはずだ。西田の『善の研究』における独我論からの解放は、純粋経験としての世界を描くものであった。だが、和辻の二人称の記述において、一面では独我論からの脱出（閉ざされた自己なるものの否定）がなされてはいるが、それはあくまでも二者関係（そのかぎりでの二人称性）に向かうものなのである。そしてこの二者に与えられるあまりに隙間なき直接的関係性が、西田においては世界と未分化であることによって描かれていた純粋経験（脱人称性）に近いというのである。

さらに和辻は、西田が純粋経験をその深部へ、その底へと徹底的に掘りさげていったのと対照的な議論を展開しもする。西田において、純粋経験は空間的に底へ底へと垂直的に向かうものであった。だが和辻では、あくまでも水平的な二者を横に押し拡げていくような議論が提示されていく。西田がそうした垂直的な深化の果てに「無」の位相をみてとり、政治的な議論をもその位相から語るのに対し、和辻は二者性の議論を、立体化しつつも延長させていくように、社会や国家の共同性を構築するのである。この差異は決定的であるだろう。

最後に、ここでの二者論を、純粋に他者論として把握したときの奇妙さを考えるべきである。こうした二者性は、純粋経験の基本単位として働くかぎり、先にのべたように、二者といいながらもむしろ内容的には一者による純粋経験に近い。いってみればそれは「間柄」でありながら、「間隙なき他者」との関係なのである。だがこのような他者論は、常識的な他者論が、他者の理解不可能性や異他性からはじめられることを想定すれば、きわめて特殊な記述ではないか。これを日本的な（日本社会的な）自他未分化である非近代的世界の開き直りのような記述であるとのべて終わるのも、その位置づけを考えれば正当とはおもえない（普通は母子関係によって描かれがちなそうした内容は、ここにはいっさい含まれない。問題になっているのは成人男女の性的関係である）。自己と他者が、何ひとつ隠れることのない、絶対的な直接性＝無媒介性においてみいだされるというこの他者論、これは他者論そのものとしても相当に特異ではないか。対立する二者ではなく、むしろ純粋経験に近く、そこですべてが一体化する他者。これを母子関係としても、依存関係としてでもなく、システム的な「二者」の原理としてとりあげること、ここでなされているのはそのことである。

しかしこうした二者とは実に異様な二者である。この二者は、共同体にとっての基礎単位であるがゆえに、同時に二者で完結するというあり方をもっている。それゆえ、言説の捩れをあえてもちいれば、この二者は独我論的な二者であるといってもよい。この議論は、先の媒介性や無媒介性、場所性と人称性について考察を深めるときにおおきな示唆を与えてくれるものではないだろうか。

さて、上記の点を念頭におきながら、和辻の二者論、あまりにも独我論的なものにさえみえかねないその純粋経験的な「間柄」性について検討していきたい。

和辻の二人共同体論が前提とするもの

さて、では和辻の二人共同体論はどう描かれているのだろうか。これを考えるときに、この議論がおかれている論脈を一瞥することは必須であるだろう。

すでにのべたが、和辻の主張の核にあるのは、二種類の「間柄性」、すなわち自己と他者の「あいだ」、そして自己と環境の「あいだ」である。『風土』でとりあげられ、また『倫理学』においてもその冒頭で基本的には繰り返されているこうした主張は、時間性に対する空間性の問題を全面的に提示しながら、「間柄」のあり方を端的に規定するものでもある。

それは、よく知られているように、ハイデガーの現存在における「空間性」の契機の軽視を批判し、主体が存在することの根本に空間的規定を導入することによって描かれるものである。この理解はもちろん正しい。だが、そこで問われるべきは、ハイデガー(であれフッサールであれ)が時間の議論を中心に据えることで何を主張したかったのかということである。こうした方向から考えるとき、時間性を軸とする議論が一人称性としての自我や自己性をけっして手放さなかったこと、それゆえ時間的な自己に対する批判は、自己とは本当に一人称的なものなのかという問いにつながっていることがわかってくる。

ここでは『風土』の議論を辿ってみる。そこでは例えば寒さという現象について、さしあたりハイデガー的な実存＝エクスタシス＝外－立という術語をもちいながら、つぎのような説明がなされている。

和辻は、寒さなるものが客観的に存在し、ついで自己がそれを感じるとか、寒さが主観的な感覚においてしか存在しないとかいう、いわゆる主観と客観との分化を前提とする思考を拒絶する。寒さとは、客観的な存在物でもなければ、心理的な事象でもない。寒さを感じるということは、空間的な場所性そのものにおいて、直接寒さを生きるということであり、そこで自己なるものが形成されるというのである。ここではハイデガーの思考に依拠しながら、和辻はつぎのようにのべている。

「寒さを感ずるとき、我々自身はすでに外気の寒冷のもとに宿っている。我々自身が寒さにかかわるということは、我々自身が寒さの中へ出ているということにほかならぬのである。(2)」

「だから寒さを感ずるということにおいて我々は寒さ自身のうちに自己を見いだすのである。……寒さが初めて見いだされるときに我々自身はすでに寒さのうちへ出ているのである。……「外に出る」のは我々自身の構造の根本的規定であって、志向性もこれにもとづいたものにほかならない。(3)」

こうした事態は、西田が論じている純粋経験の主客未分化な状態を、ハイデガー的な語彙で語りなおしたものである。自己が自己であるのは、主観という領域内においてのことではない。それは自己があらかじめ自己の外にあり、そのなかで自己があることをみいだしなおすという構造をそなえている。

(2) 和辻哲郎『風土――人間学的考察(改版)』岩波文庫、一二頁。
(3) 同書、一三頁。

ただハイデガーと異なるのは、こうした「外に出る」構造そのものが、「風土」としての場所性に強く連関していることであり、さらにそのあり方を具体的に考える仕組みとして、「間柄」が提示されてくることである。寒さを、客観的な存在物でも主観的な感覚でもないものとしてとりだすならば、では寒さとは端的に何なのか。そこには多様な関係性がひかれているはずである。

まず寒さそのものが「我々」という「間柄」においてしかみいだせないものである。寒さを感じるのは自己だけではない。それが自己を越えた位相にあるならば、寒さそれ自身があらかじめ共同存在的であるはずだ。そこでは「我々」が、自己であることにすでに先行するものとして露呈されているのである。これもまた、西田ののべる主客未分化である純粋経験が、独我論的なものではなく、独我論的な領域が存在する以前の領野であったこととむすびついている。

そのうえで和辻は、こうした「我々」というあり方が、さらには広く、寒さという現象をとりまく他の諸現象、すなわち「暖かさや暑さ」、「風、雨、雪、日光」との連関においてあることを明確にするのである。それは、一般的には「気候」といえるものかもしれない。だがこうした「気候」であるものは、「ある土地の地味・地形・景観」との連関においてしか存在するものではない。「我々は花を散らす風において歓びあるいは痛むところの我々自身を見いだすごとく、ひでりのころに樹木を直射する日光において心萎える我々自身を了解する」(4)。これが「風土」のなかにいるということである。

ここでは、ハイデガーの構図を借用することによって、和辻はあたかも、西田が論じていた純粋経験を、その位相の多様な分岐的様相において指し示そうとしているかのようである。西田は、主客未分化な経験を、あらゆる具体的な経験に先だつものとして描きながらも、しかしそこから「自覚」という「自己限定」の論理をもちい、さらに垂直的な「底」にある「無」の方向へと議論を深めていった。だが、明らかに西田の影響をうけつつも、和辻は純粋経験を、自己と他者、自己と土地という二重の関係性の錯綜のなかに分節化させていくのである。西田の純粋経験が、その限定と深化という仕方で「無の場所」に向かう神秘化的動性をそなえているのに対し、和辻の議論は、はっきりとそれ自身の水平的な分節性を横あいに（地域論的に）辿っているのである（同時に、こうした議論は、いくつかのずれをはらみながらも、廣松渉が論じることになる四肢構造と深く関連することを無視するわけにはいかないだろう(5)）。

だが和辻のこうした議論は、最終的につぎのような明確なハイデガー批判を想定していることがわかる。ハイデガーでは、こうした純粋経験的な空間性の、垂直性への展開も水平性への伸び拡がりも描かれることはない。それゆえ「空間性に即せざる時間性はいまだ真に時間性ではない。ハイデッガーがそこに留まったのは、彼の Dasein があくまでも個人に過ぎなかったからである(6)」と主

（4）　同書、一五頁。

（5）　廣松渉の共同主観性やその四肢構造性にかんする議論を、非人称性とその分節を重視する日本哲学の文脈のなかにおきながらとらえなおすことは重要である。非共産党系マルクス主義者であり、当時の記号論や構造主義の影響を相当にうけながら独自の思考を展開した廣松であるが、最晩年の生態学的思考への関連も含めて、その発想にはきわめて独自のアジア性や日本性が宿っている。それは批判されるべきことではなく、いまここで日本語によって思考するために必要な事態を示唆してくれるものである。この点については本書第六章を参照のこと。

張されることになる。

ここで和辻は詳しくのべてはいないが、ハイデガーにおける存在論的な試みでは、自己とその本来化という議論におおきな意味があった。そこでは現象学で多用される「触発」あるいは「自己触発」という契機が重要なものとして、自己が自己に関わる構造そのものにはいりこんでいたといえる。ハイデガーにとって、基本的にはそこにおいてみてとられる時間性の図式が、説明原理として機能してしまうことになる。だが、こうした時間性の図式[7]から逃れる和辻－西田の議論においては、空間における限定や分岐こそが重要なのであり、そこでは触発する自己の核はかぎりなく希薄なものとして消え失せてしまう。

これは、先の引用をみるまでもなく、ハイデガーにおける存在が「あくまでも個人」にとどまっていたのに対し、和辻の議論が、「間柄」という空間を経て、間人格性や風土に向かうことが重視されるかぎり、いわば当然のことであっただろう。

一人称の希薄化

もう一度まとめてみよう。和辻が『風土』においてであれ『倫理学』の冒頭においてであれ、自己のあり方を記述するとき、そこでの議論はそもそもハイデガー的な文脈における個人とは異なって、西田的な主客未分化の場所性を、さらに広域かつ具体的にとらえかえそうとするものであった。ではこのとき、逆に個人としてしか語ることができない位相は、どうなってしまうのだろうか。

和辻がこうした自己の一人称性について論じるのは、『倫理学』第三章の「人倫的組織」においてである。ここでは私的なものと公的なもの、あるいは家族の形態から地域共同体に展開していく過程において、和辻は家を中心としながらも、それらを二人共同体・三人共同体・兄弟共同体へと拡張させていく。だがそこで、ハイデガー的な Dasein に該当する個人という位相は、きわめて限定されたものとしてしかみいだされない。

和辻は、確かに私的な存在について考察してはいる。だが私的存在とはそもそも private なものだという欧米語のあり方そのままに、「公共性の欠如態」でしかないとされるのである。私とは、根源的な意味で空間的契機がある種の点にまで切り詰められた位相であり、また時間的にとらえても、孤立した主観が一切の連携なき状態においてあるだけのものだということになる。そしていうまでもなく和辻は、こうした孤立した時間的空間的存在者の領域については、公共的なものを、すなわち上記のいい方でのべれば、自己が自己であることをみいだすときにすでにそこに含まれている関係性の豊かさを「捨象」した抽象物としてしかとらえない。それは公共性――この場合にはまさに風土的共同存在であるそれ――が「欠落」する位相を表現しているにすぎないのである。

(6) 和辻哲郎『風土』、四頁。

(7) もちろん時間図式から世界図式への展開を描く田邊においては、図式という構図のなかに「種」の議論の具体化を促す契機があったはずであるが、しかしそれは西田や和辻のような無媒介な場所を求めるかたちで展開されることはなかった。この点については、本書第二章を参照のこと。

和辻は、そうした私性を積極的な意味での存在者とはとらえない。いいかえればそれは、あくまでも「間柄」の場面において、そのひとつの抽象的な項のようなかたちでしか実在しないというのである。

「〔公共的なものへの〕参与の可能性が欠如するということは、本質的に参与が不可能になることではなくして、参与を欲せず、また参与を許さないということにほかならない。従って公共性の欠如態とは、本質上公共的なるものにおいてその公共性が拒否せられていることである。ここに私的存在が成り立つ。従って絶対的に公共性を欠くもの、すなわち本質上私的なるものは存しない。(8)」

私なるもの、自己なるものは、集団性や関係性の一分岐であって、それだけで自存するものではない。こうした関係性から切り離されたある位相だけを、それだけでとりだすこともなしえない。それゆえ和辻の論法をとるならば、一人称的な自己が私的なものであるかぎり、それは存在しないということになる。

自己は存在するが、それは一人称的なものではない。自己について語ることは可能だが、それは「間柄」にあるものでしかない。これは一人称の思考に対する相当に過激な批判を含んでいるのではないか。西田であれば、純粋経験の未分化性をベースにしながらも、一面では「自覚」という自己限定の方法を駆使することによって、こうした問題から逃れる道はつけられている（もちろん西田も純粋に内面的な自己を認めることはないが、自己の自己性について問うていく自覚の論脈は、最終的な段階までつねに先鋭化されつづける)。ところが、私的領域を欠如態でしかないといいきる和辻は、ハイデガー的な死への存在としての自己も含め、本来的で私的な自己を認めることはない。とはいえその際に、社会を構成する中心的な事象、核となりうる事象を分散させるわけにはいかないのではないか。

そこで和辻が提示してくるものが、二人共同体であるということには充分に着目してよい。二人共同体を議論のなかにくみこむ和辻の主張は、私や自己というものが決定的に剝奪された世界におけるその中心性を、「間柄」でありながらも「公」とはいいきれないもの、「私」という位相に近いものとして、議論の内部にとりもどしていくことを目指しているのではないだろうか。

一人称的なものはない。そうした内面的な場所そのものは存在しない。だがそう論じたあとで和辻は、しかし孤独に浸ることは人間にとってよくみうけられるあり方ではないかとものべる。ところがそこでも「孤独は人をして狂気せしめるほどに激しい間柄への渇望に転化する。極端なる私的存在は人間存在においては不可能なのである[9]」と断じていくのである。

こうしてぎりぎりに「私的存在」に近い「間柄」としての他者が論じられることになる。それは「自他が文字通りに自と他とのみであるところの二人関係であり、あらゆる他の人の参与を排除す

(8) 和辻哲郎『倫理学㈡』岩波文庫、九一頁。
(9) 同書、九四頁。

るがゆえにきわめて親密なる我れ汝関係となる[10]」と描かれるものである。ここではまさに「例外的他者」そのものが問われているといってよい。こうした二者性の他者が、（実在として和辻は措定しない）一人称的なものから三人称的なものへと議論を展開していく支えになっている。

「共同存在の実現段階をたどろうとする我々は、ちょうどここにその出発点を見いだし得ると思う。それは顕著な私的存在でありながらしかもまた顕著に共同存在の実現を示している。ここに公共性の欠如態を通じて連帯性の構造に接近し得るゆえんがある。[11]」

「間柄」を重視する和辻にとって議論の出発点をなすのは個人ではない。それは極限までに個人的なものに接近した「間柄性」としての「私的」な「共同性」にほかならない。

二人共同体とは何か

さて、和辻において二人共同体が、「間柄」の存在論を規定するための基本的な装置として要請されることは了解できたとする。ではそこで描かれる二人性とは、どのようなものであろうか。ここで和辻は、「間柄」の議論の根本をなす、ある種異様な主張を展開しだすことになる。二人共同体の議論はつぎのようにはじめられる。

「親密なる我れ汝関係においては、「心の底」を打ちあけ合うということが言われるように、自他の存在の奥底にまで互いに参与することを許し合うのみならず、さらにその参与を相互に要求し合うのである。従って自他の間には何事も隠されることなく、自ら意識し得る限りにおいては、存在のすみずみにまで相互に他の参与を受け得るのである。(12)」

「右のごとく二人共同体においては、「私」は消滅し、すべてが公共的になる。しかし、公共的なのはただ二人の間においてのみであって、それ以外のあらゆる人々に対しては全然公共的でない。むしろあらゆる他の人々に対して秘密であり隠されているということが、すなわち互いに我れのみが与るのであるということが、一層強く二人の間の共同性を実現するのである。(13)」

ここでの和辻の記述は、やむをえないとはいえ、いささかミスリードを誘うものでもある。これでは「私」なるものが二人共同体の前に存在し、しかるのちに、二人共同体が相互的に成立するように読めなくもないからである。そう読むかぎり、これらの記述は相当奇妙なものになるだろう。

(10) 同書、九五頁。
(11) 同右。
(12) 同書、九六頁。
(13) 同書、九七―九八頁。

二者であることにおいて、一切隠されるということがない、すべてが赤裸々に他者に晒されるべきであるというのは、きわめて異様な二者関係だからだ。だがむしろ、親密な二者こそが「私」なるもののモデルなのであり、その外側の共同性にとって隠される秘密のもの、公共性を欠落させたもの、つまりはまさに「私」的なるものの根本のかたちであるとしたら、これも了解可能であるとはいえないか。

こうした二人であることとの親密性や秘密性は、ここで二人的な存在者が性的な身体の存在であること（和辻が共同体を考えるときには、まさに夫婦であるということ）においてさらに具体的かつ強く示されることからも考察されるべきである。和辻は、動物的な衝動としての性的存在性から二人存在性が発生してきたという、進化論的な主張を批判しながらも、まさに倫理の根幹をなすものとしての二者の身体性（性的身体性）を描きだしていく。

「男女が愛において存在をともにするとき、彼らは身心の全体をもって互いに参与し合う。彼らはその存在のすみずみをまで相手に公開し、相手の参与を拒むようないかなる点をも残さない。しかるにこの相互参与は第三者の参与を厳密に拒むのである。[14]」

これにもさまざまな註釈が必要になるだろう。これだけを読むならば、和辻の議論は、きわめてロマン主義的な愛を二人性にひきつけて論じているもののようにおもえるからである。同時に、こうした議論が「夫婦」において想定されるかぎり、そこでは不倫や不貞という事態に対して、相当に時代がかった倫理をふりかざすことになり、結局はきわめて家父長主義的な前提にしたがった議論にしかなっていないと批判できるからである。

　だが和辻が性的なむすびつきを想定した私と汝との関係を二者性の典型として描きだすとき、そこでは相互が相互をくまなく明かしあうとされるこの共同体「以前」に「隠された」「秘密」の領域などは、実際にはどこにもないのである。「間柄」があって、その欠如態として一人称的なものが仮象してくるのであれば、自己とはこうした二人関係性という間柄性があって、その欠損としてみいだされるものでしかない。

　それゆえ、むしろこの二人性というあり方そのものが「私的」であるとさえ感じられるのは、いわば当然のことではないか。これは空間的に、この二人によってなされる行為が「隠される」点からもみてとれる。まさにその意味で、二者のつながりは動物的な衝動やその進化によって語られるものではない。二者においてすべてが明らかにされながらも、この二者のあり方こそが空間的に「隠される」という事態の原型を生みだしていることが重要なのである。

　そうであれば、和辻のこうした二人共同体は、二人関係のある種の極限を描いているようにみえながら、むしろ和辻が根本的なものととらえる「間柄」を徹底的に具体化した位相なのではないか。それは「間柄」が「場所」として基本単位をなしている、原理的な地点なのではないか。

(14) 同書、一一五頁。

このことは、二人共同性を越えたさまざまな共同性のあり方、すなわち親子共同体や兄弟共同体、さらには親族共同体から地縁共同体に拡張していくなかでも、二人共同体が、その核のように重視されていることからも理解できることでもある。

この点はきわめて重要である。通常の日本の思考の文脈で考えるならば、このような人格なき一体的な関係性は、むしろ「母子関係」というかたちで想定されがちであった。だが和辻は親子関係に対して、むしろ夫婦関係、性的なカップル関係の親密性を、まったく質の異なったものとして提示している。さらにここでの二者性が、自己へと生成していく一ステップとしてとらえられているわけではないことも念頭におくべきであるだろう。

和辻にとっての親子関係を考えてみる。そこで問題になるのは、二人共同体と子の複合関係によって形成される三人の共同体である。そのとき子供は二人共同体の構成員ではなく、それ自身は外部における存在でしかない。三人共同体が語られる場面でも、二人共同体の中核性は揺らぐものではない。

「三人共同体は二人共同体に第三者が加わったというだけではない。それは本質的に三人の共同体であって、構造上全然二人共同体と異なるのである。二人共同体はその内部において徹底的な私の消滅を要求するとともに、外に対して厳密に閉鎖的な私的存在として規定せられた……しかるに三人共同体にあっては、右の私的存在を許すことができない。」(15)

子供は二人共同体が社会的に生成するための存在者のように描かれている。ここではまさに、ヘーゲル的な弁証法における止揚が論じられているようにもみえる。二人共同体は三人共同体へと展開されることにより、二人であることの「私性」が否定され、公共的な場面（家族としての単位の拡張）への道が開かれるのだから。とはいえそれゆえに、家族の複合においても、二人性こそがすべての基本であることには変わりがない。それは、親子のなす三人共同体のヴァリアントでもある兄弟の共同体（三人共同体の複合的立体化）がのべられたあとの記述からも読みとることができる。

そこでは夫婦共同体（二人共同体）、親子共同体、兄弟共同体において、夫婦共同体がかなめにあるとのべられながらも、それは時間的な先行性としてとらえられるわけではないと主張される。そこでの順序性は原理的で厳密なものなのである。

「我々の問題とするのは、媒介の関係における先後である。父母子共同体は必ず夫婦共同体を媒介とするが、夫婦共同体は性的存在共同であって父母共同体を媒介としない。男女として相対することは、子としての資格と本質上の連関はない。同様に兄弟共同体は父母子共同体を媒介とするが、父母子共同体は兄弟共同体なくして成立し得るのである。この意味において、夫婦共同体、父母子共同体、兄弟共同体は一方的な層位的連関をなし、任意に倒逆することを許さない。」(16)

(15) 同書、一六六―一六七頁。
(16) 同書、二〇三頁。

和辻はこののちに、ヘーゲル的な婚姻と愛という主題、またデュルケームなど文化人類学的な家族にかんする知見をとりあげ、問いをさらに追求する。そして、家族というものが、より包摂的なものとなる段階においてなお、夫婦共同体こそを共同体が成立する中心におきつづけるのである。それは、公と私という事態に深く連関する。公共的なものとして明示されるものは、その逆の側面として、隠された私的な部分をもつ。家族共同体はその外部に対しては私的なものとして機能するが（家屋という空間性がそれを規定する）、夫婦に対しては公的なものである。家族を越えた地縁共同性も、その外部に対しては隠されたものとして集団をなすが（そこでは原初的にはある地理的境界がおおきな意味をもつだろう）、それ自身は公的な存在である。こうした一種の階層構造において公と私、それ自身がもつ内部性と外部性の反転的交錯が描かれていく。

もちろんこうした和辻の発想に対して、それがある種の国家主義的な包摂構造をそなえていると批判しうることも事実だろう。この点に関して和辻の姿勢を論じることが『倫理学』の射程を検討する際に重要であることは否定できない。だがここで考えたいのは、むしろ逆の方向性である。こうした包摂構造の最奥の私的なもの、もっとも隠されておりもはやその内がないものが、和辻においては我れと汝として示される二者関係だということそのものである。それは異様な私的性格をそなえた他者性としてみいだされうるのではないか。

直接的にして媒介的な間柄性

こうした主張を二つの論点から考察し、この論考をまとめたい。はじめにものべたように、その第一のものは、西田の純粋経験や私と汝というテーマ（あるいはそれを押し広げる京都学派の議論）における和辻の位置についてである。第二には、これを他者論として考えたときの展開可能性についてである。

西田や京都学派との関連については、つぎの二つの側面から考察されるべきだろう。まず西田において、純粋経験としての主客なき位相、すべての経験の根源でありながら、そこから自己が限定されてくる位相は、和辻においては性的関係としての二者性において提示されるものなのではないか。確かに和辻は、この二者性において内面的な隠された秘密の場面を語り、西田の純粋経験が一気に世界そのものに一体化するのとは異なったあり方に着目している。とはいえ和辻において、二者性はそれをもとにすべてが語られる純粋な間柄性なのである。そうであれば、こうした間柄性は、それ自身として主客未分化な純粋経験のひとつのかたちなのではないか。

だが西田においては、こうした純粋経験が、自覚や場所、そして絶対無、さらには他者や死をおりこむなかで、さまざまに転換されて探究されることがポイントになっていた。自覚から場所論にいたる段階では、純粋経験が、もはや自己と世界の単純な未分化性ではなく、幾多の垂直的な位相をはらみながら、一方では自己なるものが世界や無から「限定」されてくること、そして他方ではそれをどこまでも深く「絶対無」にまで垂直的に掘りさげることが主題となっていた。「絶対無」以降の西田になると、自己が限定される契機として、他者性や死という否定性の契機が導入され、自他論がそのなかにくみこまれることになってもいた。だが『無の自覚的限定』における西田の他者論は、自己も他者も同じ世界（の無）のなかにありながら、そうした世界（の無）において、それぞれをそれぞれの「底」にみいだす相互性によって特徴づけられるものである。だからこの段階においては、やはり自己と世界の関連があり、そのなかで他者という主題が出現してくることには変わりがない。それゆえ他者そのものは、絶対無のある種の水平化に関与した（死と永遠性がそれに並ぶ）概念として提示されることになる。(17) だからここでは身体性の契機が関与するはずであるのだが、西田において、（ポイエシス論にいたる前のこの段階では）その側面はさして追求されてはいない。(18)

これに対して和辻の議論は、自己と世界ではない自己と他者の未分化（二人世界）が間柄性という空間的配置をもちつつまずあって、その空間性からすべての秩序が形成されてくることを軸にしたものである。それゆえ自己以前の領域でありながら、そこでとりだされる位相はつねに他者との「間柄」であり、ついでその空間的契機が「風土」、「環境」、「土地」として具体化されることになっている。

加えて西田では、こうした純粋経験を限定することによって自己という領域をとりだすことが課題となっていた。だが和辻においては、「間柄」の純粋経験はこの二者にとどまり、そうした二者性が階層的に、私と公の相互反転的な連関をつくりながら、空間的に外に押し拡がっていくことが記述されていた。そこでは私が私であることは欠如態でしかない。だから西田が論じる意味での「限定」は、和辻において積極的には示されない。和辻はむしろ、「間柄」が重層的・空間的に無限に横へと拡がることこそに関心を示し、さらにはそこでの作成物たる技術文化的対象に関心を向けるだろう（これも西田のポイエシスが生命体としての自己の作成と連関していたことと対照的である）(19)。だからそこでは、西田のような垂直的な議論の深化や、それをバネにした自己の自己化は論じられない。同じような純粋経験の場所性をあつかいながらも、和辻の場所性は最初からきわめて水平的であり、西田が場所の議論において「底」という言葉を多用するのとはこれも極端に相違している。

他方、西田の一連の議論に対する媒介性の不在を指摘し、「絶対無」のあり方を強く批判した田邊元の視角から若干みてみると、和辻の社会性の議論は、ある意味で田邊が強くひきうけていたへ

(17) 西田においては、他者と並んで、死（死を含んだ生）や永遠性（永遠の今）という事態が、垂直的な極限の水平的な現象へのパラドックス的事象として語られている。他者もそのような否定性なき純粋経験に導入される否定性の契機そのものである。

(18) ただし、こうした西田の議論はある種の妊娠論として読むこともできるのではないかと考えている。この論点については、拙著『子供の哲学』（講談社選書メチエ、二〇一二年）で論じておいた。

(19) 西田のポイエシスの議論は、もちろん道具の作成に関わっているのであるが、それは技術論的な方向性というよりも、むしろフーコー的なそれともかさなる「自己の作成」というあり方に連関するようにおもわれる。西田は、ある意味で一貫して「生命」という事象をあつかっているがゆえに、生命論的な主体の方向に議論は収斂するだろう。

ーゲル的な視角、とりわけそこでの媒介性の強調とかさなりがあるとはいえる。二人共同体は、まさに核となる媒介性という役割を果たしながら、社会や国家に連関していくものなのだから。とはいえ田邊はあくまでも「絶対無」における無媒介の純粋性を拒絶し、絶対体な媒介性の哲学を提示する。それに対し、和辻の議論は、やはりその根幹にある種の純粋な無媒介性を隠しもち、なおかついかなる社会的実体性を考察する際にもこうした二者共同体の絶対性を論じつづけるものである。そのかぎりで、この両者は対立することにしかならないだろう。和辻は純粋な私性として提示される自己を解体的に批判しつつも、「間柄」においてそれに代わる別の無媒介的親密性を二者として設定しているのだから。

これらの議論をとらえなおす視角はさまざまにあるだろう。繰り返すが、このような不思議な二者性をのべる和辻の議論に含まれる家父長的・封建的イデオロギー性を暴くことも必要だろう。だが、この主題を設定することは、絶対的に無媒介でありながらそれ自身が媒介を可能にするという意味で、媒介の思想を原則的にはとらない西田や、媒介者の立場に身をおきつづける田邊の思考に対して、和辻の位置の特殊性を明らかにするものでもあるのではないか。とりわけ、そこからとりだされる他者論の可能性は、着目に値するものであるとはいえないか。

内包空間としての自他性

和辻の我れと汝の議論の特殊性をもう一度辿りなおしてみよう。そこにみられるのは、自己の間柄性を貫徹するために必要な理論としての自他論と、それにしてはあまりに生々しい性的身体を全面的に提示した自他の直接性の記述との、無造作ともいえる接合である。一方の理論性と、他方の具体性をそっとむすびつけてしまうことが、和辻の議論の特殊性をなしている。

他者論の別の形態と比較してみれば、その特殊性はさらにきわだつだろう。たとえばレヴィナスを考えてみればよい。レヴィナスは他者の他者性について究極的ともいえる思考を展開し、関係性の絶対的不在における他者性を露呈させるが、和辻の議論は、一面ではそれとはまったく対極的な他者論になっている。レヴィナスにおいて、他者はどうしたところでそれに到達することのできない何かであった。だが和辻においては、他者とのまったき隔たりのない「間柄」そのものが問題なのであった。とはいえ同時にこの両者とも、こうした他者関係の絶対性が自己に先行する点は似通っていることにも留意すべきではある。このことはレヴィナスが、「顔」という絶対的な他者との隔たりをのべたあとで、エロスとしての肉体的なかかわりそのものを他者関係の根源的位相として語りだすこととも深く関連する(さらにいえば、そこでは倫理学と、倫理学において包摂される肉体の存在論という問題も絡んでくるだろう[20])。とはいえ素朴に考えれば、レヴィナスが他者という言葉の「他」そのものの意義を突き詰めるのに対し、和辻が「私ではない」というかたちでの他者論そのものを身体の直接性に即して提示することは、こうしたレヴィナスの諸主題との絡みのなかでも、やはりきわだった論点を提示するはずである。

このことは和辻が、仮面＝ペルソナの哲学者であったこととも関連しているといえる。和辻が論じる身体は、一面では顔＝面としてのペルソナ論に特徴があるが、同時にそこで主張される身体は、顔という表情とその理解性（あるいは理解不可能性）だけに関与するものではない[21]。顔がその背景にわかちもつ、まさに動物性をも含んだ身体、あるいはそうした身体が定位される風土的な土地性が、そこには「影」のようにすでにはいりこんでいる（顔は面であるかぎり、いつも仮象である）。性的関係の直接性や赤裸々さは、このような剝きだしの身体がもつ「間柄性」そのものであるといえる。ペルソナ＝顔＝人称性は、親密性にして媒介性でもある、こうした二者性を前提としなければ描かれえないのではないか。

何も隠されていない他者。だがそこには何も隠されていない自己以前の世界がある。こうした他者は、繰り返しになるが、よく想定されるような母子一体性でも、幼児の未分化的な意識でもない。それでは、人称的なものの水平性が等しくそこから分岐されるものとはならないからだ。子供は二者性の共同体から厳密に排除されている。二者の共同体は、性的身体の直接的な共同体でありつつ、もっとも根源的な媒介でもあるという矛盾をそれ自身そなえているのである。子供は夫婦という原初的な身体関係にとって第三者的な存在でしかなく、原理的に（時間的に、ではなく）子供を排除した二人共同体が先だっているのである。それは母子的なあり方が示すような内にこもる自他関係ではなく、まったくの私的内面性にしてまったくの公的外面性でもある。

きわめて奇妙な他者論ではある。だがこれが、直接性と媒介性の両面をそなえつつ、そのさまざまな反転（公と私としての、外と内としての）によって社会性と倫理性を構成するとされ、同時に空間性と身体性について、強い視角を提示するものであることは、高く評価されるべきではないか。それは、差異を含まない直接性ではなく、直接性としての差異を内包的に含みながら、身体の直接性がもつ力をあくまで二人称であるかぎりでの脱人称性において示す、そうしたものとしてとらえられるべきではないか。

(20) レヴィナス自身も顔の議論のあとに、一種の剝きだしの身体に関連するエロスや妊娠というテーマを、無論レヴィナス独自の他者性の規定を踏まえたうえで、しかし超質料的なそのあり方を含めながら追究していることは、ここでの議論と連関するものでもあるだろう。この点は先の註18で挙げた拙著で論じておいたが、それ以外でも、拙論「逆向き幽霊としての子供——デリダに対抗するレヴィナス」(『現代思想』臨時増刊「総特集レヴィナス」二〇一二年三月)においてあつかっておいた。

(21) 和辻哲郎「面とペルソナ」『和辻哲郎全集(増補版) 第一七巻』岩波書店、所収。このなかで和辻は確かに「面」に仮託しつつ身体における顔の特殊性について論じているのだが、同時に「面」は動くものであるという記述をなしてもいる。それは「面」そのものが、その背景にある「影」の肉体と力動的関係にあることを物語っているのではないか。同時にまさに『倫理学』の記述そのままに、それがペルソナ=人称性をへて、社会体総体への連関をもつことが示唆されてもいる。この点で和辻の顔は、直接的な他者性の顕現というよりも、その典型が能面であることも含め、むしろ空虚な仮面としての媒介性としての意義がより強いともおもわれる。

第五章　三木清の技術論
——形をなすものとしての構想力

西田幾多郎を中心に日本哲学の展開を描くとき、三木清の存在、とりわけ彼の「構想力」にかんする議論を看過するわけにはいかない。一見すると、田邊元や和辻哲郎といった、いわば西田の思考をうけいれながらも、西田に明示的に批判的であったり、あるいは西田と離れた側面から思考を展開したりした論者と、「構想力論」を描いた三木とはパラレルな存在であるようにみえる。というのも、田邊が「種」の議論をたてることによって、「絶対無」に向かう（いわば生成一元論的な）西田の議論を批判したのと同様に、そして「あいだ」性を何よりも重んじた和辻とかさなりあうように、三木は「構想力」という「ロゴスとパトス」の「あいだ」の位相をひきたてたのだから。西田が「即」の論理によって、極端な二項の「あいだ」をダイレクトにつないでしまうことに対し、三木は西田的な「即」にこめられた内容を、「構想力」に着目することによって分節化しようとしたのである。

とはいえ三木は、田邊のように西田哲学のそなえている難点をえぐりだそうという姿勢はあまりもっていなかったようにもおもわれる（それは西田に対する三木の、手放しとでもいえる称賛からも充分に窺えることである。三木の西田に対する言及には、いつになっても、あたかもファンの一学生によるそれのような趣がある）(1)。三木は、西田が論じないポイントをあつかっているのだが、それは西田への対抗意識によってではなく、むしろ自ら補完的な立場にあろうとしているがゆえのものにもみえるのである。

このことは、構想力を規定するつぎの文章からも明らかであるだろう。

「前著『歴史哲学』の発表（一九三二年）の後、絶えず私の脳裏を往来したのは、客観的なものと主観的なもの、合理的なものと非合理的なもの、知的なものと感情的なものとを如何にして結合し得るかといふ問題であつた。当時私はこの問題をロゴスとパトスとの統一の問題として定式化し……。」(2)

「構想力の論理は行為的直観の立場に立ち、従来の哲学において不当に軽視されて来た直観に根源的な意味を認めるであらう……それ〔直観〕は無限の過去を掻き集めて未来へ躍入する現在の一点である。しかしながら構想力の論理は単にいはゆる媒介の論理であるのではない。媒介の論理は結局反省の論理に止まつて、端的に行為の論理であることができぬ。」(3)

「すべて生命あるものは時間的であると同時に空間的であり、習慣は生命の原形式であると云ひ得る。時間と空間とが一つであるところに形が生ずる……この論理は時間即空間、空間即時間といふことを現はしてゐる。(4)」

前の二つの引用は『構想力の論理』の「序」の文章であり、最後が「制度」の章にみられるものである。ここには西田の思想とむすびつく多くの論点が散りばめられている。まず着目すべきは、「構想力」という三木の思考の鍵となる概念そのものが、客観と主観、合理と非合理を「つなぐ」という発想からえられていることである。それは、「純粋経験」という「主客未分化」な経験の位相を解明していった西田の議論の展開以外の何ものでもないだろう。ついで三木は、一連の議論を、もちろん自身の「行為」の哲学との関連においてであるとはいえ、「行為的直観」という西田の術語と関連づけている。ここで直観が意味するものにはさまざまな含意があるだろう。とはいえ「行為的直観」という、それ自身「矛盾の合一」ともいえる表現そのものが、後期西田哲学の問題圏に

(1) 西田幾多郎・三木清『師弟問答　西田哲学』(書肆心水、二〇〇七年)における三木清による西田紹介のエッセイ群は、紛れもない敬意心にあふれている。それは西田を批判し去ろうという田邊の語り口とは対照的でもある。とりわけ「西田先生のことども」(岩波書店の三木清全集(一九八四―八六年)では第一七巻に所収)を参照のこと。
(2) 『三木清全集　第八巻』、四頁。引用にあたっては漢字にかんしては現在の表記に改めてある。
(3) 同書、八―九頁。
(4) 同書、一一七頁。

属していることは明らかである。三木はそれを自覚的にひきうけているのである。

さらに留意すべきことは、こうした「あいだ」の領域を描く「構想力論」を、三木は「媒介の論理」では「ない」といいきっていることにある。それは、一切の無限の極限のような「絶対無」と、その非合理性を根底とする西田の議論に反旗を翻し、「媒介」としての「種」の実在を強調した田邊的な視点をとることは「ない」という宣言のようにもみえる。この論点はけっして小さなものではない。田邊が「種」の実在にこだわったのは、ある種の合理主義のあらわれであった。だが三木が「構想力論」で示したいことは、あくまでもロゴスとパトスとの統一なのである。三木は、論理的な合理性を、創造的な制作につなげていきたいのである。それゆえ、西田と田邊との対比を、生命と論理というかたちで示すならば、三木の「構想力論」は「生命の論理」のことであり、「制作」のロジックそのものであるといえるだろう。そこでは非合理的なものの存在がすべての根底にあるとした西田の視点が忘れ去られることはない。生命とその生成を考える場面において、非合理性の契機を決定的に導入する必要がある。三木の構想力は、こうした非合理性を肯定し、それを合理化しようとするという意味で、西田の思考に即応した試みであるといえるのである。

技術と構想力

だが、こうまとめてしまうと、三木がやはり媒介者的でもある「構想力」の位相をあえて切りだしてきたことの意義が薄まってしまうかもしれない。三木は西田に依拠しながらも、西田とは別の論点を先鋭化させているはずである。それは何においてであろうか。

「技術」という論点はここで浮上してくるものである。

それについては、やはり『構想力の論理』の「序」の文章が参考になるだろう。『構想力の論理』は、三木の思考の集大成でありながら未完に終わったものであるのだが、「神話」「制度」と書き進められていくこの書物のひとつの核が、「技術」の章にあることは確かである。それは、三木がつぎのようにのべていることからもわかる。

すなわち、この書の最初の章「神話」を書いていた頃には、「ロゴスとパトスとの綜合の能力が考へられたままであつて、一種の非合理主義乃至主観主義に転落する不安があり、この不安から私を支へてゐたのは、「技術」という客観的な合理的なもの」であったのだが、「技術」と「構想力」にとってそれではまだ不十分な発想であった。だが「しかるにやがて「制度」について考察を始めた頃から、私の考へる構想力の論理が実は「形の論理」であるといふことが漸次明かになってきた」(5)とされるのである。そして、ここでのべられる「形の論理」が「形相学」(Eidologie)と「形態学」(Morphologie)とを統一するものであり(6)、そこでこそ、「技術」をへた「形」の思考が、「構想力論」との連関で明確な地位を与えられることになると描かれている。

ここにも、さまざまに註釈を差し挟むべき内容が含まれている。

---

(5) 同書、五―六頁。
(6) 同書、七頁。

西田が「非合理性」を論じたのは、主観と客観とが合一してみいだされる「純粋経験」を深く掘りさげたときに、そのもっとも深層の部分が、絶対的な非合理性にさらされざるをえないからであった。だが、それを論じるだけならば、合理性と非合理性とを「構想力」によってつなぐ三木の試みは、やはり非合理性のなかに落ちこんでしまいかねない。三木は、これに対して「技術」という、ある種の客観的なものを生みだす位相、すなわち歴史性と社会性をとりこみながら、非合理にさらされた生成を合理的なものにする装置をみいだしてきたのである。そしてなお「技術」を論じるだけでは不十分な点を、「構想力」の「形」にかかわる働きそのものに求めていくのである。

このような意味で、「技術」と連関させることにより、「構想力」は、三木において重要なものとなってくる。もちろん三木の「構想力論」は、カントのEinbildungskraftの議論に触発されたものである。だが、三木はそれを、原義通り、「像」(Bild)をつくる能力、すなわち「形」を形成する能力として理解していくのである。この点において、三木は西田を乗り越えようとしているといえる。

というのも西田においては、その非合理的な垂直性に向かう方途からみても、あくまでも「形なきものの形」を探ることこそが重要であったからである。その場合、リアルな世界とは、「形」であるよりは、むしろ「形」を生みだす「形なきもの」の方にある。それゆえに西田は、「行為的直観」のロジックにおいても、生成を矛盾のただなかで提示することをなしつづけたのである。

ところが、「制度論」をへて「技術論」へと議論を進展させる三木にとって、あくまでも論点は「形」の方にある。生成は「形の変化transformation」こそに求められることになる。ここでの論点の移行には充分に注意を払う必要があるだろう。三木は「形なきもの」の非合理性を認めつつも、その水準を掘りさげるのではなく、あえて「形」の位相での変容こそに、議論の焦点をおくのだから。それゆえ西田では「無」のリアルが、「制度」や「政治」の議論においても前面化され、その抽象性が批判されがちであるのに対し[7]、三木の場合では、制度的なものや技術的なものの社会性を、田邊的な「種」とは異なったかたちでとりだすことが可能になる。

「形は主観的なものと客観的なものとの統一であるといつても、構想力の論理はいはゆる主客合一の立場に立つのでなく、却つて主観的・客観的なものを超えたところから考へられるのであり、かくして初めてそれは行為の論理、創造の論理であることができる[8]。」

これにつづけて三木は「東洋的論理が行為的直観の立場に立つ」ことがあるといっても、それが

(7)　この点について、「日本文化の問題」(『西田幾多郎全集　第九巻』岩波書店、所収)などが参照されるべきだろう。その政治的姿勢については喧々諤々の感がある西田評価であるが、西田派のなかには右派も左派も共存し、マルクス主義左翼とのつながりが強かった三木が徹底的な西田主義者でもあったという点は、西田の政治性をその理論の根底において探る際に重要であるとおもわれる(「日本文化の問題」の「内容」こそが問題なのである。それは右でも左でもない)。また西田のポイエシス論が、不完全とはいえマルクス主義者の弟子たちのつきあげに呼応するものであったことも考慮する必要があるだろう。

(8)　『三木清全集　第八巻』、一一頁。

「実践」に踏みだすよりも「観想」にとどまる傾向をもってしまう点を論難している。これは明らかに西田の議論を念頭におき、それを包括する展望を示すものであるだろう。

のちに論じるが、「構想力」とは、そのまま「技術」のことであるとも描かれる。そこで語られる「技術」とは、空間において「形」をつくりあげ、行為の結果を客観的に残存させる能力のことを指している。このように行為や実践を論じる三木において、マルクス主義的な国家観が念頭におかれていなかったはずはない。だが、「構想力論」の展開が、予告された「言語」のテーマに進んでいく前に断ち切られているため、そこでの「制度論」も不十分なままにとどまってしまった。

とはいえ、上記のような展開を想定していたことは、西田の議論を下敷きにしながらも、それとは異なった方向に制度論を導いていく展望が、三木の議論に含まれていたことを充分に示すものではないだろうか。こうした方向での、言語や国家を含んだ「制度」についての考察は、西田哲学をひきうけるうえで、確かにひとつの課題でありえただろう。この意味でも三木は、西田の徒であることを、相当に意識的に、時代のなかで示しつづけていたといえるのではないか。

三木の構想力論

さて、ここまで三木の「構想力論」の位置づけについて、とりわけ「技術」にむすびつく観点を重視しながら論じてきた。三木ののべる「構想力」とは、それ自身は「媒介」のような独立した実在ではないが、しかしまさにロゴスとパトスとをむすびつけ、主観と客観とをたんなる合一でない分節性において把捉させ、さらには生命性につらぬかれた西田の議論を拡張していく展望をみいださせるものであったのである。

ここで、三木の「構想力論」がどのように描かれたのかについてまとめておきたい。未完のまま刊行された『構想力の論理』は、「神話」「制度」「技術」「経験」という章だてがなされてはいるが、その記述は、整合的に秩序だっているとはいいがたい。それは、「言語」の章が欠落していることにもよるのだが、むしろ「経験」というあとにおかれた章で、はじめて「構想力論」の方法論的説明がなされ、結果的にこの章がバランスを欠いた厚さをもっていることにも原因があるようにおもわれる。

しかしこのことを別の角度からとらえることも可能である。すでに論じたように、「構想力」という言葉そのものは、カントの『純粋理性批判』からとられている。だが三木は、そうした出自よりも、むしろ「構想力」(Einbildungskraft)という言葉が、そもそも「想像力」(imagination)でもあるという点にこだわりながら論をすすめているようにみえる。その意味で、カントやハイデガーの検討があとまわしにされることは、理解できることでもあるのである。

「神話」と「制度」の章において目をひくのは、むしろベルクソンの『道徳と宗教の二源泉』との強いむすびつきであるだろう。

「神話」が「構想力」の場面であるというのは、カント的な視角からは、なかなかあらわれにくかったものではないだろうか。だが三木が「構想力」というときに、最初に念頭においたのは、常識的には想像力や夢想の類に近い思考の自由な働きであり、それが創造性や造形性につながっていく局面なのである。
こうした議論は、ベルクソンが『道徳と宗教の二源泉』において、イマジネーションの働きやその人為的な制度化を「仮構作用」(fonction fabulatrice)と規定し、それを軸に社会性や宗教性を論じていったこととときわめて類似している。三木の議論は、まさに「擬制的な制度」という論点におよんでいくからである。

「……フィクションの根底には構想力がなければならぬ。非合理主義は制度の擬制的な性質を看過し、これを絶対化するものである。擬制の論理、そして形の論理は構想力の論理である。(9)」

ここで描かれているのは、自然のなかに産みおとされ、西田的にいえばまさに環境と自己との相互矛盾的な循環(それゆえに非合理性)において生を送っている人間が、擬制的な制度をもつことによって、そこでの非合理性を生き抜く手段を獲得するという事態である。ベルクソン的な「仮構作用」のように、それはまさに社会性そのもの、歴史性そのものを形成する軸になる。社会や歴史とは、そもそもフィクショナルなものであるが、そこでは「フィクショナルなものがリアル(10)」であると描かれる。
三木の「構想力論」をとらえなおすとき、このように社会や歴史の擬制的システムを検討することから議論が開始されていることは看過されるべきではない。「構想力」という「中間的」な能力のアイデアを、三木はカントの『純粋理性批判』から採用しているのだが、さりとて三木は『純粋理性批判』でのカントの議論を鵜呑みにしてはいないのである。そこではあくまでも西田哲学における「直観」と「反省」との、いわば「感性的なもの」と「概念的なもの」との総合という視角がまずあり、さらにそこにかさなるベルクソン的な「制度」の議論があり、それを問い詰めるかぎりにおいて、カントは参照されるのである。

刊行されたこの書物の終わりにおかれた「経験」の章で、はじめてカントと、カントの「構想力論」をひきたてるハイデガーに対する態度が鮮明に描かれる。それを簡潔にまとめると、以下のようになるだろう。

そこではカントの『純粋理性批判』のA版とB版の問題が俎上にあげられる。この点については、当然予想されるように、「構想力」がより重視されるA版が高く評価され、「統覚」に事態を収斂させていくB版については批判的にとりあつかわれていく。三木はB版にみられるようなカントの姿勢を継承しはしない(11)。B版のカントは「法則的な自然科学における経験(12)」を軸として展開される『純粋理性批判』の記述に忠実であるかもしれないが、そこでは「構想力」がそなえている本来的な力が失われていると三木は考えるのである。三木はカントの『人間学』などもとりあげつつ、われわ

(9) 同書、一五四頁。
(10) 同書、一八〇頁。
(11) 同書、三二七頁などを参照のこと。
(12) 同書、三七六頁。

れの能力の「根底的な根」としての「構想力」のあり方こそを重んじていく。

そしてハイデガーにかんしては、『カントと形而上学の問題』において三木とかさなりあう視角からカントを批判し、「構想力」の地位をひきあげた点は大変に評価している。たとえば、以下のように記述される。

「ハイデッゲルに依ると、純粋覚知、純粋再生、純粋再認はいづれも先験的構想力に属し、その純粋総合の「三様態」にほかならず、現在、過去、未来としての時間の三様相の統一を現はしてゐる……一言でいふと、先験的構想力は根源的時間であるといふことになる。(13)」

だがハイデガーも、自身の存在論にとって根幹的であった「時間」という概念に、「構想力」の議論を集約させせすぎてしまう。ハイデガーにおいては、空間概念が時間概念と対等にあつかわれることはない。しかし「構想力」をあくまでも「形」の論理と考える三木は、カント理解としてもハイデガーの解釈に結局は疑念を呈し、ハイデガーの姿勢に与することもない(こうした記述は――和辻の『風土』のそれが典型的であるが――京都学派が共有する、相当に一貫したハイデガーへの評価を示しているといえるのではないか。内包「即」外延、時間「即」空間という西田の発想が、京都学派全体に広く影響を与えていることが、ここからもみてとれる)。

さらに三木は、「構想力」が関与する図式論のテーマをとりあげ、「構想力」がそなえている創造的な力が、「判断力論」の方へ、とりわけそこでの創造性や天才性という主題に向かっていく点を肯定的にのべていく。

「しかしながら根源的には構想力に属すると思はれる問題をカントが判断力の問題として捉へたといふことは、我々にとつて重要な意義を有するであらう。[14]」

もちろんカントが『判断力批判』で論じているテーマは、美や崇高といったものにまずはかかわっている。だが三木は、『判断力批判』であつかわれているこのような主題を、人間の機制のただなかにおきなおしつつ、人間の根源的活動性としての「構想力」をとらえかえしていくのである。こうした事情は、「天才」をめぐる文脈においても明示される。

「カントの美学は趣味判断の論として享受の立場に立ち制作の立場に立つものでないといはれるであらう。しかしそれは更に天才の問題を論ずるに及んで制作の立場に立つに至つたと考へられる。[15]」

(13) 同書、三五六頁。
(14) 同書、四一一頁。
(15) 同書、四一六頁。

三木は、「天才」においてきわだたせられる「制作」を、特定の個人においてではなく、通常の生活における客観的世界の産出として押さえようとしたのではないだろうか。そこで問われるのが、独創性と日常性、主観的な発想力と客観的な制度化とをつなぐものとしての「技術」なのではないか。

かくして「技術」が、三木の「構想力論」の軸として浮かびあがることになる。

構想力と技術

感性と悟性とをつなぐ「あいだ」として設定される以上、カントの議論が三木の「構想力論」の基本にあったことは間違いがない。しかし三木においては、カント的な認識論的視点を越え、さらにハイデガーの時間論的な存在論としての展開とも異なり、むしろベルクソンの「仮構作用」に類似した「擬制」を産みだすものとして、「構想力」がひきたてられていったのである。「形」をなすフィクティヴな力としての「想像力」が、そこで焦点化されるのである。

三木における「技術」の議論は、こうした観点から検討されるべきである。

ここで「技術＝テクノロジー」と「構想力」との関連についてみてみよう。

三木の「技術論」は、「技術」という章が独立して存在するにもかかわらず、それに先だつ「制度」の章との関連が深いものである（「技術」の章では、「呪術」についての記述が多くをしめてしまう）。そこではまさに「擬制」を固定化する手段として、「技術」が論じられるのである。三木にとって、

「技術」は客観化の道具ではあるのだが、それは想像力を介することによって、発明をも具体的に可能にするものとして探究されていく。そしてさらに特徴的なのは、こうした議論の過程において、「技術」と「生命」(「自然」)とが、けっして分断的にとらえられていない点にある。

こうした「構想力」と「技術」との関連についてみてみよう。

「……技術は構想力に属してゐる。技術はその本質において発明であり、「発明の論理」といはれるものは構想力の論理である……発明とは形を見出すことである。形の論理、従って構想力の論理を除いて発明は考へられない。(16)」

「生命のすべての活動は技術的であると云ふことができる。我々の身体でさへ、進化論者の考へるやうに、環境に対する適応として、それ故に技術的に生成したものである。生命あるものは環境に対して自己を技術的に、発明的に適応させることによつて生活し且つ進化する。(17)」

ここでは、「構想力」が「あいだ」の能力であったのと同じく、「技術」もまた習慣的な制度を固定化するものであるとともに、それ自身が「形」をなしつつ「発明」をおこなう装置であるととら

(16) 同書、一七一頁。
(17) 同書、一七二頁。

えられている。「想像力」がそなえている「創造」の機能が、ここで客観性も含みながらひきたてられていくのである。

そしてさらに、「自然的なもの」も「技術的」であると主張される点が考慮されるべきである。一般的に「技術」とは、自然と人為とを区分したうえで、人為的なものに付される能力であるとみなされがちだろう。三木がこうした常識的な視点をまったく採用しないわけではない。『構想力の論理』とは別の独立した論考「技術哲学」[18]では、技術を論じることが、社会のテクノロジー性とむすびつくことが描かれてもいる。だが、そうして設定される「社会」も、生命としての活動から切り離されうるものではない。それは自然的な集団の成立や、動植物における社会生物学的な進化と、本質的には連続的なものととらえられるのである。生命も、それ自身進化し、ある環境適応系を形成するものであるかぎり、独自の「技術」をそなえているとされる。人間が主体性においてつくりだす「技術」と、生命の進化とは、その根本の部分において変わるところはない。

この点について、三木は以下のようにさえのべている。

「技術と生産とは不可分の関係にある。自然も技術的であると云はれる場合、自然も生産的と考へられてゐるのである。[19]」

むろんこの側面だけを強調すると、人間が進化過程のなかで決定的なものとして獲得したかぎりでの「技術」の独自性を軽視することになるかもしれない。だが、カント－ハイデガーに倣いつつ、

「構想力」を人間の「根」と規定するかぎり、それが深く自然的存在のなかに定位されることも確かではないか。人間精神だけが固有なのではなく、自然を構成する力が、ひとつの自然的存在者である人間のなかに独特の仕方で宿っていると考えるべきではないか。「構想力」は、こうした意味で、自然と人為のあいだをつなぐものでもありうるのである。

さらに、「技術論」としての「構想力論」が「制度」の思考にとって意義をもつのは、まさにそれが「形」とむすびついているからである。

「あらゆる技術にとつて一つの根本概念は Form の概念である。技術によつて作られたものはすべて形を有し、技術的活動そのものも形を具へてゐる。形の見られる限り、技術が見られることができる。自然も技術的であると考へられるのは、すべて生命を有するものは形を有するところから考へられるのである。[20]」

(18)『三木清全集　第七巻』の「技術哲学」などを参照のこと。この点ついて、二〇一二年の日本現象学会シンポジウム（東北大学）における、「技術社会」を強調する三木論を展開した野家啓一の発表はきわめて参考になった。だが、確かに三木はそこで「技術」を「社会」とむすびつけるとはいえ、そうした「社会」そのものが、ある種の「純粋経験」の「擬制」であり、そうであるかぎり「自然史」との連続性のなかにあるという根本的な主張そのものには、充分注意を払うべきとおもわれる。
(19)『三木清全集　第八巻』、一八六頁。
(20) 同書、二二七頁。

「構想力の哲学は無限定な空想に道を拓かうとするものではなく、却って形といふ最も限定されたものに重心を有するのである。[21]」

これにつづけて三木は、「形」の生成を論じるだけではなく、「形」から「形」への変遷こそを主題化していくことになる。三木が「構想力」を十全に展開し、「技術」のあり方をみてとるのは、「形」そのものが固定されえないことによるのである。

こうした変遷を、三木は「形の変化 transformation」と表現する。この術語は、まさしく「形」= form の「移行」= trans を示すものにほかならない。ある意味で三木は、ここに歴史性や時間性のすべて、人為的制度や自然的変化のすべてをくみこんでいく。かくして三木は、自然と人為的なもの、時間と空間的なものをつなぎつつ、「歴史」を論ずる基盤を獲得することができるのである。

「すでに述べたやうに、自然も形を作るものとして技術的である。自然の歴史は形の変化 transformation の歴史であると云ふことができる。生命的自然の有する形は主体と環境との連関の関係から作られるものである。人間の技術も根本において主体と環境との適応を意味してゐる……文化はもとより人間的行為の諸形式も、社会の種々の制度も、すべて形である。人間の歴史も transformation（形の変化）の歴史である。自然史と人間史とは transformation の概念において統一される。その根底に考へられるのは技術である。[22]」

「かやうにして人間の技術は自然の技術を継続するとすれば、人間史と自然史とは、近代の人間主義的な考へ方において抽象的に区別されたのとは反対に、統一的に把握されねばならぬ。」[23]

「構想力」とは「形」の「創造」の「技術」である。しかしそこでの「技術」とは、人間の能力の「根」に宿るとともに、人間の自然的存在性、生命的存在性にも基盤をもっている。「構想力」がそなえる「技術」の力が、人間においても、自然においても、事物が生成変化し、何ものかが成立するときの軸になる。それこそが「形」をなすものであるのだから。

それゆえ、三木の「技術論」の収斂点は、「形」から「形」へという、西田の後期哲学をひきうけた transformation 論こそに設定されるべきである。このことは、三木と同じく「構想力」に着目した田邊が、「図式論」を「世界図式」として展開し、西田を批判したのとは逆に、西田の議論からは充分にくみとれなかった論点、すなわち「形」としての生成変化の場面を強調するものであるといえるだろう。

(21) 同右。
(22) 同書、二三七頁。
(23) 同書、二三八頁。

西田と三木「あいだ」の差異

再び三木と西田との関係に戻り、一連の議論をまとめよう。

三木は、二つのテーマによって、西田の議論の補完を試みていると結論づけることができる。第一には、西田が論じる非合理性と合理性、直接的な生成と制度的な固定という極端な二項を、固有な仕方でつなごうとしていることである。そこで、「構想力」と「技術」という、西田においても言及されるが、深められはしなかった論点がひきたてられている。[24] それは「純粋経験」の「深み」を逆方向に展開させたものであるといえるだろう。

第二に三木は、これを田邊の「種」のように実在視してしまうことはないということである。西田的な生成、西田的な生命のロジックを、独自な「行為」の議論として重視しつつ、そこで提示される生成の創造力と客観的な制度への定着とを、ともにつなぐ装置として「技術」をきわだたせるのである。それゆえ最後には、生成のなかにある客観として、形の変化 transformation の遍在性がとりあげられることになる。

三木の議論は、そもそもきわめて西田的なものであるといえる。だが三木独自の議論の展開は、西田からとりだすことは難しかった別の位相に、西田の議論を連接させることを可能にするものであったといえるだろう。

「絶対矛盾的自己同一」の原理から「ポイエシス」を論じる西田は、「技術」はもとより、「制度」や「国家性」の議論にも踏みこもうとしている。だが「絶対無の自覚」という構図が残存する西田において、垂直的なものへの視線が重要であることは避けられえない。ポイエシスの段階になると、確かにたんなる垂直性がのべられることはなくなる。とはいえ、西田が制度を論じても、つねに生成と制度的なものとを、矛盾の同一としてむすびつけるだけになってしまう。

三木は、西田も論じるべきであると想定していた社会性、とりわけ社会における制度性を、「構想力」と「技術」という、媒介ではないが二面性をそなえた位相に注視することによってひきたてたのである。[25]それは一見すると折衷的なものにみえるかもしれない。田邊のように、西田批判として議論を提示した方が、論点としてはきわだったのかもしれない。だが西田的な「ポイエシス」の

(24) 西田に技術論が欠落しているわけではない。とくに晩年にポイエシスを論じるときには、ある種の技術(とりわけ「論理と生命」『西田幾多郎全集　第八巻』所収や「生命」『西田幾多郎全集　第一〇巻』所収における「道具」)への言及は不可欠であった。だが西田においては、歴史的世界や技術的世界がそのまま生命進化を継いでいるという観点はあるものの、それは三木ほどには徹底されてはいない。むしろ三木の方が、ベルクソンやさまざまなフランス哲学を経由しながら、この点では西田よりも極端なようにさえおもえる。

(25) 三木の「技術論」をへた「社会論」への展開は、『構想力の問題』において書かれるべきであった「言語」をさらに越え、さまざまな体制の議論にまでいたるべきであるが、それをなすには三木には決定的に時間が欠けていた。自然史と人間史の連続的接合において、「技術」を軸にして「制度」を思考するという方針は、現在においてもけっしてアクチュアリティを失ったものではない。本文直後でふれるが、この点で、いささかジャーナリスティックな評論家ととらえられがちな中村雄二郎が、一貫して三木的なテーマを現代につなげようとしていたことは、中村の仕事総体も含め再評価される必要があるだろう。

動性を、まさに「形の変化 transformation」によってひきつぎつつ制度論を構想することは、日本哲学そのものに、先進性のある視界を与えるものでありえたのである。

日本哲学史の流れにおいて、三木と同じく、初期にパスカルに強い影響をうけ、西田的な日本哲学をも重視しながら、戦後思想のなかでオリジナルな立場を築いた中村雄二郎が、やはり「情念」と「制度」に自らの研究の焦点を定めていたことがここでおもいかえされるだろう。こうした点からみても、三木の議論が、日本哲学のひとつの典型的な展開の仕方を示していることは明らかではないか。

西田は、「形」から「形」へとのべながらも、あくまでも「形なきものの形」の力動性と垂直性にデモーニアックに執着し、エネルギーの根源を探りつづけた。これに対して、三木の「構想力論」は西田とは別の側面を追い詰めていくものであった。それはデーモン的な情熱につらぬかれただけのものではない。だが、つねにパトスとロゴスの中間に位置し、「パトスの知」(中村雄二郎)という、これをもまた「矛盾の統一」以外の何ものでもない事態を追究する試みは、西田の思考の衝撃力をのちにつなげていくひとつの方途にほかならないだろう。

第Ⅱ部　日本哲学の分散と展開

第六章　日本哲学史のなかの廣松渉

廣松渉は自身の思考が日本の哲学であることを強く意識していたとおもう。後年を除けば、それは表面に現れてくる主題ではない。もとより廣松がマルクス主義者であり、生粋の革命理論家であったことは確かである。だが廣松は、「近代の超克」に強くこだわったように、マルクス主義を近代主義として読むあり方を徹底して退けた。それが、疎外論やマルクス的ヒューマニズムとは別の視角を与える「物象化論」や「物象化的錯視」の提示につながり、近代を越える別の視角（「事的世界観」や「関係の一次性」）の称揚にむすびつくのであれば、そこで京都学派ときわめて相同的な問題構成がみうけられることは否定できない。このようなことをいえば一般的には驚かれるかもしれないが、私には廣松の哲学は、西田幾多郎や和辻哲郎と類似している部分が相当程度あり、ある場面では意図的にそう描かれているのではないかとすらおもえるのである。

もちろん西田や京都学派と廣松とのあいだに、直接のつながりは希薄であろう。生粋のマルクス主義者であり、東京大学教養学部で大森荘蔵とともに科学哲学の講座をになってきた廣松には、京都学派系の思考への強い警戒心さえあったようにみえなくもない。だがこの両者をつなぐ糸は（実際には「重ね描き」知覚論をのべる大森も含めて）相当に多いのである。

他方、それは当然ではないかという意見もあるだろう。廣松が自己の思考の基盤としていたのは（あの有名な三部構成に固執する記述形式も含めて）ヘーゲル的なドイツ哲学であり、さらには現象学以前の新カント派であり、また一九世紀の科学哲学、とりわけエルンスト・マッハであった。これらは、京都学派がその形成期に参照していた思考そのものである。同時代的な現象学に対しては、やはり同じく批判も含めて距離をおいた対応をなしていることも共通している。

さらにそこでの文体に注意を払う必要もある。廣松の、漢語を多用した異様な擬漢文体は、やはり漢語によるジャーゴンを平然と作成していく西田の文章スタイルに類似している。それに何しろ、「もの」に対する「こと」の哲学である。廣松は僅かな箇所でしか西田に言及していないが、「こと」の哲学を称揚しようとするならば、マッハとともに、ウィリアム・ジェームズや西田を想起しないわけにもいかないだろう。さらにこうした「こと」の哲学から、知覚・言語・判断という問題系を辿るあり方は（『世界の共同主観的存在構造』（勁草書房、一九七二年／講談社学術文庫、一九九一年）や『存在と意味――事的世界観の定礎』第一巻（岩波書店、一九八二年）に顕著である）、どこか西田の『一般者の自覚的体系』などの議論をおもわせもする。

両者の関係がダイレクトなものではなく、あつかっていた素材の同一性によるものだということも事実だろう。内容面でいえば廣松に西田的な「無」の議論を探ることなどはできない。だが西田の「無」にしても、「絶対無」について論じた主張が、「制作」という意味でのポイエシス・プラクシスや、そこでの歴史的行為に向けられていく事情を勘案するならば、それは廣松が『存在と意味』の続編で描きだそうとした実践的世界の議論におりかさなるのではないか。西田がマルクス主義を意識して行為の議論をおこなったのであれば、なおさらそうとはいえないか。

誰もこうした相同性に着目していないわけではない。たとえば小林敏明は、一面では西田や西田的な思考の精神病理的な展開（とりわけ木村敏を題材としたそれ）を論じながら、「近代の超克」という論旨において、廣松哲学にも強い関心を示しつづけている。[1] 熊野純彦は、和辻についての仔細な記述をなしながら、どこかでそれを廣松読解の延長線上においているようにもみえる。[2] また、京都学派の論脈から外れはするが、廣松との共著（『相対性理論の哲学』勁草書房、一九八六年）もある勝守真は『現代日本哲学への問い――「われわれ」とそのかなた』（勁草書房、二〇〇九年）において、独自な仕方で日本哲学史のなかでの廣松の定位を試みている。廣松の思考を、日本哲学の歴史のなかにおきなおそうという試みはさまざまになされている。

（1）小林敏明は西田哲学に対して非常に強い関心をもちつつも、他方『廣松渉――近代の超克』（講談社、二〇〇七年）や、『〈主体〉のゆくえ――日本近代思想史への一視角』（講談社選書メチエ、二〇一〇年）などで、廣松を広く日本哲学の文脈においてとらえる立場をとり、両者をむすびつけるひとつの視角を提示している。

（2）熊野の読解は、和辻に対しても（『和辻哲郎――文人哲学者の軌跡』岩波新書、二〇〇九年）、廣松に対しても（『戦後思想の一断面――哲学者廣松渉の軌跡』ナカニシヤ出版、二〇〇四年）伝記的な色彩の強いものであるが、両者に共通する役割性と倫理的な思考との結束点をとりだそうという意図はみてとれる。それは、内実においてさらに掘りさげられるべき主題であるとおもわれる。

だが上記三者ともに、廣松の異様な才能と活力にダイレクトに触れた者でもある。そこからなされる記述がプラスとマイナスの両面を含むことは間違いがない。廣松のテクストを歴史のなかに定位する作業は、それとは別様になされるべきである。

事的世界観と純粋経験

まさにテクストのうえでの、「純粋経験」との類似性が想起される「事的世界観」や、あるいは廣松ののべる四肢構造における主体の「自己分裂的自己同一」というあり方は、端的に西田的ではないかと指摘することはできないだろうか。そしてさらに問えば（政治的思想の問題は措くとしても）、にもかかわらず、廣松が最後期にいたるまで、日本哲学における自己の位置を自覚的に語らなかったのは何故か（この姿勢は、木村敏や坂部恵、中村雄二郎といった同時代の日本の思想家たちが、それぞれ京都学派の「再評価」を自己の仕事の軸にしていたことと対照的でもある）、さらには最後期に、ある種の東アジア的共同性やその生態性など、いかにも日本哲学的な議論を展開したのはどうしてかといった主題を問い詰めるべきではないだろうか。

以上の問いをなすにあたって、きわめて独断的であるが、私自身のみたてを明らかにしておきたい。

私は「事的世界観」、「物象化論的錯視」を重視する廣松の試みは、そのあり方からいってきわめて日本哲学的であり、西田の「純粋経験」論のひとつの展開系としてすら読めると考える。それはもちろん、マッハ哲学の介在や、現象学に対する批判的姿勢という側面からも主張可能なものである。だが、そもそも「こと」という主題を主客未分化な事態として摘出し、そこで近代哲学なるものの「乗り越え」を画策する指向自身が両者に共有されていることが重要である。

とはいえ同時に、廣松は西田とは決定的に別の視角をもって「こと」について考察している。廣松は、西田がなしたように、「純粋経験」という事象をそのまま問い詰めるというよりも、そこに含まれる分節化の契機を（あるいはアプリオリな含意を）、または言語＝記号への傾斜をいっそう強く論じていくからである。

廣松はこの点で、案外時代の申し子であったといってもよいとおもう。知覚分節にまつわるゲシュタルト心理学から、記号論的な議論の摂取（『存在と意味』における所知と能知は、シニフィエとシニフィアンという構造主義的記号論の術語の廣松的な変形である）は、廣松の「こと」についての議論に無前提的に含まれている。判断論の重視も、言語的な判断論として設定されるかぎりで、そうしたあり方に親和的である。廣松は正当に「言語論的転回」のラインにいるとおもわれるのである。廣松が身体を論じるときにも、そこでポイントになっているのは、やはりゲシュタルト心理学的な方向からの表現や、労働的実践の場における協働である。言語化される「意味」とその対象項である「役割」を中心に、その議論は設定されている。

それに対して、西田幾多郎の文章のなかに漂っているのは、場所論の徹底化などにみいだされるような、異様なまでの物質＝質料的無意識への指向である。「絶対無」の発想は、確かに田邊元の批判を招いたように、西田の議論の理解不能性をきわだたせるものではある。だがそれは、「無」

としかいいようのない物質＝質料性であり、私がそれを生きる物質＝質料性を研ぎ澄ませるように露呈させるものでもある。こうした「物質＝質料的無意識」についての感覚は、唯物論的にものを考える廣松にはみいだせない。だが西田の「無」の議論が、「関係の一次性」にかかわりがある「無限」についての形而上学的処理の結果であるように、こうした主題は、廣松が言語と別の方向に議論を進めていくとき、看過しえないものになるのではないか。廣松自身が最後期において、生物学モデルの自己組織化論を咀嚼しようと試みたり、梅棹忠夫の生態史観に対抗しつつマルクス主義的な自然史という発想にしたがった生態性を論じたり、あらたな「近代の超克」をアジア的プログラムとしてのべたりしたことは、こうした欠落の埋めあわせともいえるのではないか。

あえて西田を軸にするならば、廣松の思考は西田の純粋経験論を、ある意味で記号的分節化において論じなおし、マルクス主義へのむすびつけをおこなったものとみることが可能である。とはいえ、言語主義者廣松は、その中心的な著作においては、西田が思考し抜いた場所的な「無」には無関心なままである（それが含意する政治性を考えても当然のことである）。だが廣松は、そこでの「こと」の議論を展開するなかで、西田が論じていた物質＝質料的な無意識をあつかいなおさざるをえなくなったのではないか。これこそが廣松後期の議論のなかで析出されてくるものではないだろうか。

西田との類似性と差異

議論をひきもどそう。まずは廣松と西田の出発点の、類縁性と差異から論じてみる。『事的世界観への前哨——物象化論の認識論的＝存在論的位相』（勁草書房、一九七五年／ちくま学芸文庫、二〇〇七年）、『もの・こと・ことば』（勁草書房、一九七九年／ちくま学芸文庫、二〇〇七年）などの著作で論じられている廣松の「こと」の領域が、物象化＝対象化＝（西田的にいえば）ノエマ化された領域をはじめから逃れたノエシス的な位相をきわだたせ、その基底を論じたものであることは明らかである。さらにそこで主客の分離という問いの「前提」を疑念に付し、そうした区分以前の「前反省的」な世界そのものを露呈させるという意図も明確である。この点における廣松の議論と、西田のそれとのかさなりは、廣松自身が論じていることでもある。

これらの議論と関連して廣松がとりあげるのは、まずはエルンスト・マッハであるが、マッハの主張も、さしあたりはアンリ・ベルクソンや西田と同様のコンテクストのなかにあることは、以下に示されているとおりである。

「現に、物体と観念との中間物というべきイマージュから出発するベルグソン、内在主義のキュルペ、経験批判論のアヴェナリウス、純粋経験から出発するウィリアム・ジェームズ、純粋体験から出発する西田幾多郎等々、〝物心未分の場面〟から再出発しようという構えは、前世紀の末から今世紀の初めにかけて、さながら流行現象の観があった。(3)」

だが、要素一元論的なマッハの経験論を素材として強調することが、純粋経験に対する視角にひとつの偏向を与えることも確かである。何故ならばマッハは、もちろんリヒャルト・アヴェナリウスらとともに現象学につながっていくラインや、あるいは論理実証主義的な議論への系譜にも位置づけられるように、純粋経験を意味的なものの構成に強くひきつけてとらえるからである。

もう少し詳しく論じてみよう。要素一元論的な世界は、もちろんベルクソンや西田の純粋性の位相と同様に、主観と客観、みる者とみられる者を前提とするものではない。例えば「リンゴ」を想定するとしても、「リンゴ」という実体はどこにもなく、「色、形、音、香、等々」がただそれとしてあるのだと描かれる。とはいえマッハは、こうした純粋経験的な世界をそれだけで提示することはない。そこでは最初から「言語」という事態とのむすびつきが顕著である。マッハの文章を廣松から孫びきしてみよう。

「色、音、熱、圧、時間、空間、等々は、多岐多様な仕方で結合しあっており……この綾織物から、相対的に固定的・恒常的なものが立現れてきて、記憶に刻まれ、言語で表現される。(4)」

これはもちろん純粋経験に酷似した記述である。だがこうした感覚は相互に連関して、ある種の分節を形成する事態をすでに含意している。それを廣松は、「函数的・機能的な連関」と呼ぶのである。

「この際、しかし、赤、丸、甘、等々が、それ自体として存在するのではないこと、一方では光源等々の存在との依属関係、他方では感覚器官や中枢神経系との依属関係、この函数的・機能的な連関においてのみはじめて当の赤・丸・甘・等々の複合体が存在するのであること、われわれはこの点を併せて銘記しなければならない(5)。」

ベルクソンにおいても西田においても、純粋持続や純粋経験の位相は、まったくの分節化を欠いた平板な状態とみなされるわけではない。ベルクソンのイマージュは、身体イマージュと世界イマージュとの関係性のなかにあるものだし、西田における純粋経験も、有機的身体やその運動の一体性を問題にするかぎり、それ自身の統一性と分岐性を最初からそなえてはいる。しかしマッハにおいては、こうした純粋感覚が「言語」という統一相に向かうべく、函数的・機能的にダイレクトなかたちで連関していること、つまりそれは、その相互的配置において現れるとともに、はじめから現れ以上のものを含むことが重要になってくるのである。

(3) 廣松渉『事的世界観への前哨』勁草書房、一九七五年、五四頁。
(4) 同書、五九頁。
(5) 同書、六一頁。

マッハに依拠しながら、マッハのこのポイントをさらに強調し乗り越えていこうとするのが廣松の戦略であるとおもわれる。

「知覚的に眼前に展らける世界がマッハの謂う意味での「要素複合体」の函数的・機能的（フンクチオネール）な連関態として現前するということ、これは確かな〝事実〟である。また、この現相的世界の背後に「物自体」を想定する必要はないこと、「事物」自体と「自我」自体との因果的な作用連関の結果として現相が成立するという考え方には致命的な難点があるということ、これも認めうる。(6)」

ここから廣松のオリジナルな議論が開始されることになる。

「われわれとしては、しかし、現実の世界は要素複合体以上のものであることを指摘し、この「以上」と、それの存立する構造的機制を問題にせざるをえない。(7)」

繰り返すが、これはマッハへの批判という文脈でのべられていることである。だが廣松はここですでに、純粋経験・純粋持続的なものが、いかに基底的であれ、それだけでは「意味」をなすことができず、まさに現れ「以上」の何か（のちに『存在と意味』で「より以上の或るもの（etwas Mehr）」とのべられる事態）が機能していることをのべたてるのである。

これは廣松が、ゲシュタルト心理学を徹底して重視していることとむすびついている（そこで同じ主題に関わるがゆえに、モーリス・メルロ＝ポンティを中心とする現象学との「対決」が、廣松において強調されることにもなる[8]）。つまり廣松においては、「こと」としての純粋経験的な場面こそがひきたてられるのだが、同時にそれが「意味」という方向に「自己分節」していくという「プレグナンツ」＝意味の懐胎こそが重要視されるべきとされるのである。

つぎに、『世界の共同主観的存在構造』の冒頭に収められた「哲学の逼塞情況と認識論の課題」と題された部分をみてみよう。

そこでは、近代哲学の逼塞は、主観‐客観図式に起因するという点で、上記と同様のことが論じられている。廣松は、主観‐客観図式の問題点を、コンパクトにつぎの三つに要約して検討をなす。

（6）同書、六八―六九頁。
（7）同書、六九頁。
（8）廣松がさまざまな箇所でメルロ＝ポンティをひきあいにだしつつ、批判をおこなっていたのは（とりわけ『メルロ＝ポンティ』（港道隆との共著）、岩波書店、一九八三年）、ゲシュタルト心理学を利用した知覚的場面の根源視や、身体としての自己の重視という主題のかさなりからみてもわかりやすいことである。だがそこで、メルロ＝ポンティであれば「反転性」につながっていく現象学的な主体ではなく、あくまでも主体と客体の「即」としての両面性を論じたことは、廣松のロジックがむしろ後期西田のそれに類似していることを示してもいる。西田も、そしてある意味で田邊も、現象学やカント哲学に対抗して時間性よりも空間性を重視し、あるいは時間と空間の等価性という方向をとった点を踏まえれば、これらの議論はきわめて興味深いといえる。

第一には、そこでの「各私性」が基盤になっていること、第二には認識の三項性（対象認識の意識作用－意識内容－客体自身）が前提とされていること、そして第三には与件の「内在性」が想定されていることである。これらを問いただす方向性は、マッハ、ベルクソン、西田においても大枠ではかわりがない。だが廣松が、ここであくまでも、純粋経験的な議論というよりは、知覚認識論的な枠組みに注意を払っていることは確かだろう。

さらに、こうした逼塞状況の打破が展開されていく先は、つぎのような議論においてである。第一に、文化人類学や精神病理学の知見による意識構造の研究により、さまざまな認識のあり方が、歴史的・社会的に決定されてきたことがとりあげられる。ここでは廣松が、無意識構造に論及しない点がむしろ着目されるとおもわれる。(9) ついで第二には、ゲシュタルト心理学の重要性が、「意味」の浮かびあがりとしてきわだたされていることである。この点では、たとえば『存在と意味』第一巻でも、「ルービンの壺」など、一般的にはウィトゲンシュタインのアスペクト問題に関わる題材がとりあげられているが、それは意味が、感覚そのものの恒常性に依存するのではないし、主観によって左右されるのでもない（何かにみえるということに主観は逆らえない）という関係性の「揺れ」を描き、etwas Mehr という事態の「こと」性をひきたてる議論になっている。そして第三には、エミール・デュルケームの社会学が提示してきた集団表象への着目がなされ、それが共同的な主観を構成する重要なアイデアとしてとりあげられる。だがそこでもとりわけ注視されているのは言語である。

この三つの議論は、第一のテーマが主客の固定性を揺るがし、第二のテーマが現象的世界の「こと」的な性格を示し、第三のテーマが主体そのものの共同性を露呈するものであるといえる。第二と第三のテーマとをむすびつけると、そこでいわゆる四肢構造としての、つまり現象の二面性と、主体の二重性とがおりなすシステムが明示される仕組みになっているのである。

だが、「こと」としての「事的世界観」がこうした方向性へと収斂する点は、西田（ベルクソン）とのおおきな差異を示すことにもなる。廣松にとって、現象は客観的でも主観的でもないが、「意味」それ自身をそなえたものなのである。この点で、廣松の議論のもっとも重要な論点は、現象が自己分節化機能を含意し、その分節に主体も歴史的・集団的に関わっているということにあったのである。「こと」とは、知覚の分節化、「図」と「地」の区分、「何か」の浮きあがりのなかで、意味が共同的に成立していく場面を指すのである。

これは西田が想定する「純粋経験」ではない。両者のかさなりは明確であるとしても、西田であれば「無」として問い詰めていくような「地」の方向への視座が、廣松には欠けている。そのために、西田が「無」を問うたがゆえにとりだされる物質の唯物論性が、つまりはまったくの無意味と

（9）廣松がこれほど「現代思想」のコラージュのような議論を展開したにもかかわらず、「無意識」という主題についてほとんど論じていない点はいささか奇妙でもある。おそらく西田的な方向での場所論の深化をおこなうならば、そこでの「こと」としての位相はそのまま自然的な無意識におりかさなるのだが、言語的な意味を軸にする廣松はそうした展開をなすことはなかった。だが発生について論じていくなかで、こうした場所的・自然的な無意識を論じることは必要なのではないか。

しかいいようのない物質＝質料性が、廣松において主題化されることはなくなってしまう。そこでは物質＝質料性と関わらざるをえない「実践」の議論においてもずれが生じてくる。逆説的におもえるが、マルクス主義的唯物論者たる廣松がここでは「意味」の分節機制とその歴史性にこだわる点で観念論的であり、「無」という観念的な術語をもてあそんでいるかにみえる西田の方が、物質の無意味さに直面するという点で唯物論的だとさえいえるのである。

廣松の「事的世界観」とは、マッハ的な純粋感覚与件を一つの出発点としながらも、感覚的な現象そのものの「意味」にこそ向かうものである。西田が純粋経験そのものの「無」を問うたのとは、その姿勢は真逆である。

事的世界観の独自性

『世界の共同主観的存在構造』から『存在と意味』第一巻にかけて、廣松は現象と主体の双方において、主客未分化であるが意味規定的な「こと」の構造の精緻な探究をなしていく。『世界の共同主観的存在構造』ではそれは現象（フェノメノン）の対象的二要因と、主体的二要因の問題として規定され、『存在と意味』第一巻では、「現相的世界」の「所知的二肢性」と「能知的二重性」として描かれる。しかし結局はそれぞれにおいて、客体と主体の二面性を統合した「四肢構造」が、「こと」のあり方そのものとしてとりだされる。そうした四肢構造は、現象世界の現出を可能にするメタ構造であるといってもよい。もちろん現象的世界そのものが現れることの「純粋現象性」を高く評価する廣松は、こうした現れの領域を、幼児の知覚や対人関係における発生的次元にまで遡りつつ描きだそうとはしている。(10) とはいえ四肢構造は、身体性や実践性、共同性や歴史性を問うときにも基軸となる構図である。この点にかんしては、廣松哲学なるものが完成していく流れをみるならば、一貫したものがあるといわざるをえない。

だがそこには、先にのべたような「意味」の重視という問題が伏在している。もちろん廣松からすれば、判断論や認識論的妥当性がつねに哲学の先決的な問題となり、そこに関心が向けられるかぎり、意味の構成にまつわる議論こそが重要であり、逆にいえば物質＝質料性や無意味という領域は、「図」の「地」にすぎないものとしてしか処理されえないことは容易に想定できる。だが、実践を論じていくとき、「図」が共同主観的な意味であるとしたら、「地」の方は、それを可能にする無限の広がりをそなえたものでもあるのではないか。これを看過するならば、実践を論じるためには、何かが足りないことになりはしないか。

だがこの問いは、最後まで措いておこう。廣松の想定する共同主観性や四肢構造とは、現象世界ではゲシュタルト的にとりだされる意味にこそ関与し、主体としてはデュルケーム的な「集合意識」を媒介し、ともに言語に収斂していくものなのである。こうした事情をさらに探ってみよう。

(10) この点については、刊行著作におけるさまざまな箇所で、幼児心理学の知見などをつとめて摂取しようとしていることなどからも理解できることである。『表情』（弘文堂、一九八九年）などに詳しいが、こうした知見はやはり『存在と意味』に集約されていく。

『世界の共同主観的存在構造』は、廣松的な四肢構造の基本をまとめあげた著作である。そこでは、現象世界の客体的側面の二重性と主体的側面の二重性が、けっして切り離されえない「こと」のシステムとして記述される。そこでは、それぞれがむすびついた「函数的聯関」こそが重要なのである。

「〔われわれは〕……二組の二肢、都合四つの契機をとり出したのではあったが、これらの諸契機は、実は、いずれも単独には存在しえない。それらは合して四肢的構造成体を形成するとはいえ、あらかじめ各契機が存在してしかるのちに関係に入り込むのではなく、各契機はこの函数的聯関の項としてのみはじめて存立するものである。

しかるに、これらの各契機を自立化せしめ、それが恰かも独立に存在するものであるかのように誤想するところから、旧来、数々の形而上学的悖理が生じているように見受けられる。(11)」

廣松はこの段階では、現象＝フェノメナルな世界を、そこから感性的所与「以上」の「何か（Etwas）」が分岐してくる「レアール・イデアール」な場面としてとらえている。現象そのものが意味のないあり方で実在することはなく、それが「ある」こと自身において、すでに現れ以上の「何か」が浮かびあがっているのである。そして同時に、こうした現象の世界は、「何かとしての何」でありつつも、その分節を統括する「誰かとしての誰」に「対してある」ものとも規定される。(12)

そこで現象の分節は、これもまた自己でありつつ分節をひきうける「或る者」でもあるという、

「自己分裂的自己統一」において把握されることになる。このようにとりだされる四肢的構造こそが根幹的なのである。「仮託して語りうるのは、しかし如上の過程的聯関、もっぱらこれのみである」(13)。

廣松にとって、「こと」とは「現れそのもの」でありながらも、その現れは必ず媒介された構造性しかもちえない。逆にいえば、西田の純粋経験は、むしろ四肢的構造からとりだされた「即自」としての側面を分離させたものとなる。物象化批判や超越論的主観性批判と同様の議論が、純粋な現象にも向けられうることになる。

『世界の共同主観的存在構造』において、こうした四肢的構造の対象的側面は、情報的世界を通じた言語的意味、そしてそれを下書きにした歴史的世界として具体化されていく。また、そこでの歴史的な主体は、身体的な存在として描かれていく。簡単なみとり図として示すならば、廣松においてフェノメナルな世界とは、それ自身が言語的な交通を介し、歴史的な仕方で描かれる場面へと向かうのである。

他方、この書物の題名にも含まれている「共同主観」、つまり四肢構造の主体的側面にかんしては、「身‐心」問題と、それが抱えている近代的な三項図式(「外物‐身体‐精神」)を批判的に論じることによって、自己の内面と外面、自己と他者という区別の解体に向かうことになる。そこでは、

(11)『世界の共同主観的存在構造』勁草書房、三六頁。
(12)同書、三八頁。
(13)同書、四四頁。

現象の場面において情報としての言語が歴史的世界に展開されたのとパラレルに、身体としての主体がいわば「能知即所知」としてとりあげられ、こうした「誰かとしての誰」が、役割存在性の議論にむすびついていくことになる。役割存在の主体が歴史的世界と対応している。

この部分の議論は、身心問題の解消や身体性の重視という点からみても、きわめてメルロ＝ポンティに接近している。とはいえ、すでに先にとりあげたように[14]、メルロ＝ポンティの身体論では、能知と所知とのキアスム的反転が語られるだけであり、それが「即」というあり方でむすばれていない点が疑念視されていた。廣松は、四肢的構造の観点から、能知と所知としての主体のあり方も、あくまでも構造としての「即」においてひきうけ、現象学的自我の根源性をうけいれない。それは「所知所動的な能知能動」として、身体的自己の二重存在そのものなのである。こうした二重的な存在者であることにおいて、主体は役割的存在者として、他者との共軛《きょうやく》的な協働において描かれていく。ここでは対自と対他の「即」こそが論じられるのである。

「対他的対自＝対自的対他としての役柄存在は主体と主体との出会いにおける間主体的〔相互主体的＝共同主体的〕な協働的存在であり、人間存在はこの在り方において「共同現存在」Mit-dasein であると言うことができよう[15]。」

自己における身心問題、そして他者問題が、四肢構造の主体的側面の二肢性を拡張することで、まずは身体的自己の能動的側面と受動的側面との「即」としての構造、そして「対自的存在」と

「対他的存在」との「即」としての構造が明示化されていく。こうした廣松の議論は、確かに個々の論点においてさまざまな困難さを抱えている。だが、身体論に連関した表情性や児童心理学にもみなみならぬ関心をもっていたように、社会化／自己化の具体相に踏みこんでいこうとする廣松の意図は明確である。

四肢的構造の原型ともいえるこれらの記述において、廣松の議論のおおきな特徴を描きだすことはすでに可能になった。廣松にとって「こと」の世界とは、「即」というありかたで一体化しつつも、分節された二面をもって現れるものだということである。現象の世界においては言語とその歴史的形成、自己の場面においては身体とその役割的整備という「媒介」をもちながらも、その「媒介」そのものを独立した実在としてあつかうことなく、その「媒介性」の「即」の機能そのものを「こと」としてのべていく。その意味で廣松は、西田のように純粋経験をそのまま肯定することはないし、田邊のように「媒介」こそを実在とすることもない。「即」でありながら「媒介」されたもの、これが廣松の事的世界の内実であるといえるのではないか。

---

(14) 本書一五九頁を参照のこと。
(15) 『世界の共同主観的存在構造』、一七二頁。

『存在と意味』

『存在と意味』は、廣松にとって主著となるべき書物として構想されながらも、第一巻（岩波書店、一九九三年）が続編を残して刊行されるにとどまり、第三巻は刊行されることがなかった。だが、第二巻の序文で仔細にのべられているように、第二巻や第三巻にまとめられるべき内容は、さまざまな仕事において準備されてもいた。そもそもこの著作は、その表題からも窺えるように、以前の著作で描かれていた「事的世界観」の統合的な提示を企てたものといえる。その基本線は、『世界の共同主観的存在構造』でのべられていた事態とそれほどずれるものではなく、その具体的な細部が順々に記述されていったものとして読みうるものである。とりわけ第一巻は、『世界の共同主観的存在構造』の一種の反復とみてほぼさしつかえがないといえるが、とはいえそこにはある種の力点の移動がかいまみられもする。それは廣松が、より言語的な事態を強調することにある。

「能知」と「所知」という言葉をもちい、フェノメノンである現象的世界の二肢的構造と、主体的な存在の二肢的構造を論じつつそれを組みあわせていく内容は同じでありながら、この書物には、ソシュール的な言語学の響きが強くみてとれる。

「フェノメノンは、その都度つねに「現相的所与」と「意味的所識」との、謂うなれば〝能記－所記〟（signifiant-signifié　意味するもの－意味されるもの）的な二肢的二重成態なのである。」[16]

「われわれは、以上、「現相的所与」と「意味的所識」との謂うなれば「能記‐所記」的な二肢的二重性が汎通的な構制であることの確説を課題としつつも……。」[17]

そもそも知覚的世界の「こと」としてのあり方が、レアール・イデアールという二面体として論じられていたことは、ゲシュタルト心理学の影響力が強いとはいえ、それ自身ソシュールのシニフィアン‐シニフィエにかんする議論を想定させるとともに、そこでイデアールなものがまさしく「意味」として強調されるかぎり、言語論的な事態との連関はより鮮明であるだろう。実際、ソシュールが提示するような、記号における感性的なものと観念的なものとの二重的一体性は、廣松の現相的世界の説明にもっとも近いといえる。それと同時に、そこでの問題を主体の側に拡げていく議論の展開は、これもまたメルロ＝ポンティとの対峙を不可避なものとしたとものべられる（メルロ＝ポンティがパロールの主体としてとらえていた主題が廣松によってとらえなおされている）。

主体の議論に目を移そう。そこでは身体として現出する主体そのものは、能知的主体とされながらも、まさに「個体的な身体的自我以上の或者」として、『世界の共同主観的存在構造』における「誰かとしての誰」と同様の二重性において描かれている。さらにそこでの身体にかんする議論が、役割の問題につながり、ついで実践的行為の世界と文化的世界の形成にむすびついていくのである。

（16）廣松渉『存在と意味　第一巻』岩波書店、一九八二年、四一頁。
（17）同書、五七頁。

ここで廣松は、「能知的誰某‐能識的或者」としてのあり方が、やはり「能記‐所記」的な二重構造と「連環」することを強調してもいる[18]。そうである以上、主体の側もまた、意味の二重性をモデルとして想定されていることになる。すなわち、私とは私でありながら社会的な「誰か」でもあるという事態が、身体の行為におけるシニフィアンとシニフィエとの関連として規定されるのである。廣松において、主体はあくまでも言語的交通を媒介として、社会的意味をなす役柄である二重体なのである。

このようにして示される四肢的な構造連関態、四肢的機制態こそを「われわれは「事」と呼ぶ[19]」と明記されている。そうである以上、もはや明確なことは、廣松にとって「こと」とは意味の位相のこと、意味が成立する機制のことだといえるだろう。

『存在と意味』第一巻では、第一章でのこうした議論を前提として、やはり判断論的な高次の認識機制の検討がなされ、物象化的錯視が成立するあり方について言及されつつ、最終的には「能知」と「所知」の不二性が繰り返し強調されていく。だが、こうした議論の端々に――廣松自身がどこまで自覚的であったかはわからないが――日本思想の影を強くみてとれることは看過しえない。役割行為論の重視は、アルフレッド・シュッツらの現象学的社会学との関連がおおきいだろうが、同時に和辻の議論とのつながりもみてとれる。共同主観性で論じられていることは、もちろん協働の身体性に関与するが、それは「あいだ」という人称の発生する位相をきわだたせた和辻の議論を洗練させたものだともいえる。また、四肢的構造の連関において、「即」という表現を（とりわけそこでの現象学との差異を梃子として）強調することも、西田後期における「即」の乱用とかさなりあっている。西田における「即」の論理は、さまざまに拡張可能なものであるが、廣松においても、このモデルが現象的世界・実践的世界・文化的世界のすべてに及んでいるかぎり、そこに西田的な「即」の増殖に近いものをみいだすことは可能だろう。

かくして廣松が設定したかった「事的」な世界は、制度論的なものに向かっていくことになる。だが西田の純粋経験論や、その展開上にある「即」の世界に、あるいは和辻的な「あいだ」とそこでの「役割」のあり方に、ほとんどぎりぎりまでに隣接した廣松の哲学は、日本哲学史のなかではどのように位置づけられるべきだろうか。

そこでは廣松が、自己の主著を『存在と意味』と題したことの意義がもう一度とらえなおされるべきだろう。廣松がみすえる「こと」とは、一貫して「意味」のことである。だが身体を論じるとしても、制度を論じるとしても、あるいは社会革命を論じるとしても（むしろまさにそのときに）、「意味」に介在する「無意味」の位相が、こうした議論でどう機能しているのかを考えるべきとはならないだろうか。意味こそが「こと」であるならば、意味そのものを産出するダイナミズムは、どのように廣松の議論からとりだされうるのか。単純にいえば、四肢構造にそうした時間的ダイナミズムが含まれているようにはみえない。そうであれば、廣松の議論とは、事的な世界観という意味の現象を、ある種のアプリオリな構造としてとりだしてきただけの、新カント派的なシステムの

(18) 同書、一四八頁。
(19) 同書、一九九頁。

変形にすぎないとも評しうるのではないか。

廣松のあとの廣松

廣松が『存在と意味』で目指していたのは、ドイツ観念論型の重厚長大な建築物としての哲学である。また廣松の視線が、最終的に制度や文化の世界を向いていたように、廣松自身は、いわば人間的な意味の領域内における制度や国家という主題こそに関心があったことも確かである。そうであれば、自然哲学や存在論は、あくまでも歴史哲学や実践性の枠内において意味をもつだけのものになる。だから「事的世界観」において、「近代」という時代の思考を主客分離や三項構図という仕方でまとめるのは安易であるという批判が寄せられたとしても、廣松が意図するものは革命を含んだ「歴史的世界」の変容であるのだから、近代哲学批判はまさに「ためにする」ものとして正当化されるといいえる。

しかし、形而上学としての廣松哲学をこう想定するならば、そこにはおおきな欠落があるといわざるをえない。たとえば歴史性の議論をなしながらも、廣松から明確な時間論をとりだすことは困難である。廣松は『事的世界観への前哨』の末尾に「時間論へのメモランダ」という論考を付してはいる。だがそこでなされているのは、歴史論に向けられた時間認識の分類なのであり、四肢的構造＝「事」そのものがはらむ時間性についての言及はみうけられない。

さらにいえば、廣松のなかに環境性や生物的身体にかんする議論、あるいはそこに含まれるさまざまな「自然」への視線をとりだそうとしても、かなり困難であるようにおもわれる。やはりペルソナや役割論をあつかっていた和辻が、もとより風土という環境的なものに囲まれていた人間という視角から議論を展開したのに対し、廣松の記述は、「意味」が「こと」の中心におかれているかぎり、この点についてはさして明確な像をむすばないからである。

自然哲学を描くことは、廣松の議論の方向性からして「不要」なものであったのかもしれない。だが、廣松が晩年に、こうした欠落をある意味で自覚していたことも事実ではないか。後期において、『エピステーメー』誌（朝日出版社）に掲載された構造変動を巡る二論文「構造変動論の論域と射程――構造の形成・維持・推転の機制Ⅰ」（第Ⅱ次第一号、一九八五年八月）と「超個体の形成と組織分化――構造の形成・維持・推転の機制Ⅱ」（第Ⅱ次第二号、一九八六年八月）（いずれも『廣松渉コレクション』第一巻、情況出版、一九九五年に収録）が著されていることを顧みれば、構造変動としての時間性の議論が、四肢構造やそこで説明される主体に関連することは明らかであり、また超個体の概念を生物学的な位相から説き起こすオートポイエーシス論への参照は、自然哲学やそこに内在する時間の議論を廣松が看過していたわけではないことを示している。

またさらに廣松は、梅棹忠夫の『文明の生態史観』（一九六七年）を巡る鋭敏な論考を著している[20]。そこでの梅棹に対するスタンスは、基本的には批判的なのだが、生態史観がそなえている内容については、廣松はきわめておおきな関心を示すのである。世界史的な構造変動を踏まえるならば、こうした視線がある意味で必須であることは間違いがない。また自然史という視線そのものが、マルクス主義に含まれていたことは事実であり、廣松がこの観点から、最晩年に東アジア的地勢学を議論の俎上にのせるにいたることも、けっして不思議なことではないだろう。

だがここでは、あくまでも廣松の「事的世界観」という理念に即して、上記の事態をまとめてみたい。そして、廣松を日本哲学のなかに位置づけるとき、廣松の議論の欠落点というよりも、そのオリジナルな論点を継承するために必要な主題を、いささか強引であってもとりだしてみたい。

第一に、廣松の議論は、日本哲学がその当初から、主客の区分以前の領域、そこでの非人称的な領野に焦点をあててきたこと、そして和辻などにみられるように、そこでの領野が「あいだ」としての共同的な構成をもっていたことなどにダイレクトにかさなる部分がある。逆にいえば、マルクス主義を土台とし、ドイツ観念論的な流れに沿いつつ、現象学・構造主義・記号論を貪欲に摂取していった廣松の理論は、さまざまな思考の複合体という様相を呈しながらも、日本哲学の源流にみられる特質をうけついでいるととらえることができるのである。

第二に、しかしそこでの「事的世界観」や「関係の一次性」は、実際には函数的世界観に近く、西田的な「純粋経験」があくまでも物質＝質料的な「無」に、そしてそこでの生成の議論に収斂するものであったのに対し、媒介としての函数性と意味の形成こそに力点がおかれている。ソシュールの記号論が強く効いているように、廣松の四肢構造は、「何かとしての何」、「誰かとしての誰」という、現象と主体の両者が、それぞれ表裏一体の二重性をもって、何かの意味として機能することを示した議論であるとまとめることができる。だから廣松の視点からすれば、西田的な「純粋経験」や、和辻的な「あいだ」は、こうした函数的な「こと」にとって、やはり二次的なもの（「物象化的錯視」の裏側ともいえるもの）としか解しえないことになる。

第三に、だが「事的世界」としての函数的連関を「意味」に仮託するこの議論は、「こと」が「こと」としてあるかぎり、そこに含まれるべき「出来事性」や、そうした事態の「直接性」をどう処理するのかという課題を抱えないわけにもいかないはずである。「こと」がひきたてられるのは、物象化されない源泉としてあるかぎりであるが、廣松のように、それを函数的連関としての「意味」に限定して論じてしまうと、言語的意味が、媒介者でありながら無媒介的な直接性でもあるという事情をになってしまうことになる。廣松はもちろん、「意味」そのものや、またこれを展開させた「役柄」が出来事性としてのあり方を脱し、それとして自存することを認めないだろう（それはまさに物象化的錯視である）。とはいえ、それを出来事性としての「こと」としてとらえるのであれば、そこでの媒介者にして無媒介なものをどう考えるのか、これは課題として残るはずである（この点、やはり社会的な現象に強くひきつけられながら、「種」という媒介者を西田に対抗して提示した田邊のあり方と廣松の議論との交錯が論じられるべきである[21]）。

だが最後に、廣松のこうした媒介的無媒介性を、構造変動や環境への内在においてとらえかえす

(20) 梅棹への批判については『生態史観と唯物史観』（ユニテ、一九八六年／講談社学術文庫、一九九一年）に収められている。この主題にかんしては拙著『ヴィータ・テクニカ――生命と技術の哲学』（青土社、二〇一二年）の終章で論じておいた。廣松は梅棹的な政治姿勢もロジックも根本的に退けつつ、最終的にはそれに近い位相に自らのあり方を定位させていくが、こうした議論がマルクス主義的な自然史という視角からなされていることは注意されるべきである。

ならば、まさに廣松が四肢的構造の一項としてその実在性を認めないであろう西田的な「無」の位相が、ある種の無意味な物質＝質料性として、あるいは人間を構成する以前の自然としてきわだたせられるべきとはならないだろうか。西田は、こうした「無」を追求しながらも、それを観念的に指示するだけではなく、最晩年には「ポイエシス」という制度生成論と生命論をかみあわせたヴィジョンをみいだすにいたっている。それを考えれば、廣松の議論も、この段階の西田のそれと接点をもつのではないか。

しかしそのためには、西田が徹底して意味の不在としての「無」の基底を問題視し、それを議論の終焉としてではなくむしろ梃子として、絶対矛盾的自己同一をとりだしたことが、廣松の記号＝意味的な媒介者にどのようにかみあわせられるのかを考えることが必要になるだろう。

とはいえその際にも、西田が「無」を論じたがゆえに可能になった物質＝質料性や環境性とその無限、そして無限から何かが生成してくる動的機制の記述を、媒介者から思考する仕方に巧く組みこみうるのかという疑念はやはり残るだろう。媒介のあり方は、それだけをとりだすならば、構造変動はあれど静的なものとみえかねない。廣松の役割性も歴史的変動を前提としつつも、変動のメカニズムそのものは論じていない。これらは、廣松、田邊、あるいは役柄論としての和辻などの思考が、純粋経験論に親和性をもちながら、それがもつ生成的な内容にどこかで相反するようにみえることに関連する。しかし制度的な議論に進むためにはその両面が必要であることはいうまでもない。

田邊が（論理的であると同時に社会的でもある）「種」に、廣松が言語的な「意味」に、その核心を求めていたことを、時間性や環境の無限性を視界にいれていた西田の立場からとらえなおすことはできないだろうか。こうした課題は、廣松自身もけっして軽視してはいなかった生命性や環境性の問題を踏まえるならば、必要な問いではないか。もちろんこれに対してひとつの答えがあるわけではない。しかし廣松の議論が日本哲学の流れのなかに、きわめて正当な仕方で収まるものであるならば、その評価と継承を考えるためにもこの問いはなされるべきだろう。

(21) 「意味」を「事的世界観」の軸とした廣松には、西田哲学との距離を考えるならば、「種」を強調した田邊との近さをみることができる。それは、両者がともに社会哲学的な位相を重視していたこととむすびついている。「意味」をいわば媒介と無媒介の両者で考えた廣松と、「種」の媒介者的実在を論じた田邊では、議論がすれちがいもするが、とはいえ田邊の「種」が生物学的な響きをもつかぎり、廣松の議論を田邊の方向に拡げていくことも可能かもしれない。「意味」自身の自然史性は、構造変動を考えるときに、やはり視界にいれないわけにいかないはずである。

第七章　生命論的差異について

——木村敏「イントラ・フェストゥム論」に向けて

木村敏の思考の核心に何があるのかを問われたら、そのもっとも適切な解答は「あいだ」であるとおもわれる。だが、「あいだ」ということをのべた途端、それは何と何との「あいだ」なのかという問いがいかんともしがたく提起されてしまう。それに対して木村は、あくまでも「あいだ」は何かと何かがあって設定されるものではなく、「あいだ」それ自身が「ある」と答えるだろう。とはいえ、「あいだ」それこそが「ある」というのは、きわめて説明するのに困難な事態である。

そこで問われていることは、木村が九〇年代以降に、ヴァーチュアリティやアクチュアリティというベルクソン-ドゥルーズ的な術語とあわせて論じだし、「生命論的差異」をとりだしていくこととおりかさなるのではないか。もちろん、何が「ある」と感じられるのかという問いは、離人症をあつかった最初期の木村の思考（「ある」と「いる」に関わる議論）から、ずっと提起されつづけてきたことである。[1] だがそれは、「生命」という問題ととりわけリンクする方向において、その意義をより鮮明に提示してくるとはいえないか。

このことには、木村敏の思考形成に深く影響する、現象学や日本哲学のさまざまな位相が関与するようにおもわれる。そこから論じていこう。

木村の「あいだ」という発想が、一面では和辻のいう、人称性にかんする「あいだ」の問題とリンクしていることは確かだろう。とりわけ日本的な文化において、「あいだ」があって主体があるのであり、個々に切り離された主体があらかじめあるのではないという和辻の主張は、木村の議論ときわめて親和性が高いものである。だが和辻が、こうした発想をハイデガーにおける「空間性」のあつかいへの批判からとりだしてきたように、逆にこれだけでは空間性の「異なり＝差異化」としての「あいだ」をのべているだけのようにおもえてしまう。もちろん和辻もそれをみのがしているわけではないが、「あいだ」としての異なり＝差異化のダイナミズムをより深く提示しているのは（とくに『無の自覚的限定』所収の「私と汝」にみられる）西田の他者論[2]であるといえる。木村の発想は、この二つの思考のいわば交点にあるのではないか。

さらにここに、もうひとつのラインをひくことができる。

和辻における「あいだ」の発想は、やはり人称と人称との「あいだ」に基づくものであり、そのかぎりにおいて、空間的な関係が想定されている。それゆえそこでの（和辻にとくに特徴的な）精神史的な探求は、社会・文明的な事象（和辻が「風土」によって示そうとしたもの）にむすびついているだろう。そして、ハイデガーをモデルに和辻が導入した「あいだ」の思考は、当然こうした人称性と文化性を生みだす「あいだ」に視線が集中する。

それに対して、西田的な他者を語る議論は、最初からその前提自身が相当に異なっている。時期ごとに主題を変化させていく西田ではあるが、その根底に存在しつづけるのは、ジェームズやベルクソンの概念にきわめて接近した「純粋経験」であり、いわばその徹底的な自己吟味のプロセスなのである。その概念は、もちろん主体と客体との区分以前の、つまり私と世界との「あいだ」を描くものであるが、そこにははじめから生気論的な発想や、生命論的な主題がおりこまれている。そして、「場所」や「絶対無」をへて、後期に展開されていく西田の議論のなかで、たとえば他者や死という、それ自身は人格性と関連するテーマが現れるとしても、問われているのはつねに人格を生みだす媒質としての生命にほかならない。

(1)「離人症の現象学」(『木村敏著作集　第一巻』弘文堂)、あるいは同著所収「『分裂症の現象学』序論」など参照のこと。いささか驚くべきは、木村の最初期のこの論考に、後期の議論にまでつながる題材がほぼでそろっていることである。

(2)西田の他者論については『西田幾多郎全集　第五巻』(岩波書店)所収の「私と汝」の非常に有名な一文を参照のこと。「何となれば自己自身の存在の底に他があり、他の存在の底に自己があるからである……私は汝を認めることによつて私であり、汝は私を認めることによつて汝である、私の底に汝があり、汝の底に私がある……」(同書、二九七頁)。「私と汝とは各自の底に絶対の他を認め、互に絶対の他に移り行くが故に、私と汝とは絶対の他なると共に内的に相移り行くと云ふことができる」(同書、三〇六頁)。木村もこれを重視するし、また同時代的な「日本哲学」の論脈で、坂部恵、中村雄二郎などがやはりこのフレーズにおおきな意義をみてとっていることは重要である。さりとて、これが最後期の西田の思考ではないことも考慮すべきであるのだが、西田の他者論や日本哲学論そのものに関わる他者の垂直性や自他関係は単純な対面的な関係でとらえられないことには留意すべきであるだろう。

西田的な他者と和辻的な他者に対して、明確な区分をおこなうのは難しいだろう。あえていえば、後者の和辻は水平的で意識的な差異（言語的で文化的な差異化）にまずはかかわり、前者の西田は垂直的で生命論的な差異（生命としての身体にかんする差異化）をただちにあつかうものであるといえる。もちろん、この両者がそれぞれに関与しないことはありえない。だがそうではあれ、西田ののべている差異が明確に垂直的なものであり、この差異の発想が、木村の生命論的差異を導いていく機縁として、はじめから議論にはいりこんでいることは確かではないか。

後者の生命を軸として論じるとき、精神性にかんする思考は、意識とその病理の水準としての精神医学をはるかに越え、宇宙論的な拡がりをもったものとなってしまう。木村が九〇年代以降の考察で、とりわけヴァイツゼカーの生命にかんする主張（個体は死ぬが、生命そのものは死なないという主張[3]）や、あるいはベルクソン－西田の思考の帰結である、ドゥルーズ的な潜在性の発想に向かっていくのは、木村と西田のかかわりを考えれば必然的であったようにもおもわれる。そして、そこで問いだされる当のものを表現するならば、「あいだの深み」ということになるのではないか。

空間と時間（一）——空間的な「あいだ」と時間の水平性

まずは、空間と時間を軸にしながら、こうした「あいだ」について探ってみることにしたい。そこにおいて、意識／生命、水平（人格）／垂直（自然）との関連は、一面では空間／時間に対応するようにみえるが、生命論的差異において、そのように単純にはわりきれない位相がとりだされることを明示したい。「あいだ」が差異化の場所であるかぎり、それはドゥルーズののべる〈構造−発生〉と同様に、それ自身が空間的ストラクチュアでありながら、時間的な「瞬間」でもあることは間違いないからである。

まずは和辻と西田という解読格子から、この両方をとらえてみよう。そして木村の生命論的差異への移行を、西田的な生命の議論の前景化という文脈から押さえていこう。

繰り返しになるが、「あいだ」という発想は、初期の木村において、とりわけ人格と人格の「あいだ」として、和辻的な色彩が強いものであったようにおもわれる。それは、「あいだ」がもちろん相応の力動性をもちながらも、関係性の場面を示すかぎり、空間的なニュアンスをもつことの証左でもある。そこでは、私と私、私と他者、私と世界それぞれの「あいだ」が、空間的な関係性において提示されている。このことは和辻が、ハイデガー的な議論をひきうけながら、空間的な差異性を強調しつつ議論を組みなおすこととかさなっている。

だがこの段階での木村は、一面ではかの有名な、「アンテ・フェストゥム」「イントラ・フェストゥム」「ポスト・フェストゥム」の議論を展開してもいる。これはいわば、「あいだ」の「調整」の問題として、ハイデガー的な時間性の議論を、和辻の「あいだ」論に埋めこんだものとみることも

（3） とりわけ九〇年代以降の木村の作品において、自身が訳したヴァイツゼカー『ゲシュタルトクライス』（みすず書房、一九九五年）冒頭のこの表現が多用されている。「生命それ自身はけっして死なない。死ぬのはただ個々の生きものだけである」。

できるだろう（もちろん木村のハイデガー解釈にはブランケンブルクやメダルト・ボスなどの介在を無視することはできないが、それはここでは措く）。[4]『分裂病の現象学』（弘文堂、一九七五年／ちくま学芸文庫、二〇一二年）、『自己・あいだ・時間』（弘文堂、一九八一年／ちくま学芸文庫、二〇〇六年）、『時間と自己』（中公新書、一九八二年）などで描かれる八〇年代までの木村の議論において、「現象学」という表現が多用されているように、「あいだ」の議論には、ハイデガー的な現象学的存在論の展開という側面が強い。そこでの木村の議論が、とりわけ分裂病という、ハイデガーでは「未来」への「先駆」として表現される事態と、きわめてメランコリックな鬱病という、ハイデガー的な「被投性」や「不安」、あるいは罪責感が投影された事例を巡っていることも、そのことをよく示しているといえる。もちろんのちにのべるように、この段階での木村のテクストにも、ベルクソンへの相応の言及があり、また深く西田の議論とのつながりを示す記述は数多い。[5]だが、それは了解済みのこととして構図化すれば、やはりこの時期の木村の議論は、ハイデガー‐和辻的といえるのではないか。つまり、そこで思考の図式は、水平性と意識のあり方を軸としているという意味で「空間的」なのではないか。

木村のこの時期の分裂病論や鬱病論に固有の時間性は、和辻的な「あいだ」論の時間リズム的な転調論としてこそきわだつのではないか。のちに木村自身が、ノエマ的・ノエシス的・メタノエシス的という区分において語りだす時間のあり方からみれば、ここでの未来・現在・過去という時間の分類は（もちろん当初からメタノエシスをはらみながらも）空間的に整序されて示されるという意味で、ノエマ的な時間のあり方を、ノエシス的な「あいだ」の介在からとらえたものとおもわれる。

ここでこれ以上踏みこむことはできないが、これはそもそも解釈学的現象学に依拠し、そこでの「循環」をつうじて時間の存在に迫ろうとしたハイデガー自身が抱えている限界に関わるともいえる。ハイデガーが『存在と時間』で試みたのは、確かにフッサール的な意識の現象学に対抗する「存在論」であった。だがそこでのハイデガーの議論が、あくまでも解釈学的な言語の位相に依存していることをみのがすわけにはいかない。ハイデガーの、華麗ではあるが一皮むけばキルケゴールやヤスパースなどの術語をモザイク状に配置しているだけとも読める時間についての記述は、実際には（皮肉なことに、和辻の批判にもかかわらず）空間化された時間のあり方そのものではないか。そしてハイデガーが後年、ドイツロマン派の詩作品において、人間に贈与される言葉を中心に存在を語りだすときにも、そこではやはり「解釈学的」な方法に寄りかかる姿勢は崩れていないはずだ。ところが、記述において時間性をとらえることは、一面では空間的なものにならざるをえないはずである。それは「未だ来ぬもの」としての「未来」と、「すでに過ぎ去ったもの」としての「過去」を、どれほど工夫しても、あたかもひとつの（現在的な）線上におかれた各部分（「もの」）として表象し、その隙間から存在を遠望するほかないからだ。

だがここで問われるべきポイントがある。そこで「現在」はどうなっているのかということである。

（4）これについては『木村敏著作集　第七巻』所収の「ハイデッガーと精神医学」などを参照のこと。

（5）「『分裂症の現象学』序文」『木村敏著作集　第一巻』所収などでは、ノエマやノエシスという言葉がフッサール的であるというよりも西田的（自覚的）であることがはっきりとのべられている。

る。この時期から木村が、イントラ・フェストゥムという仕方で、現在における病理を描いていたことをみなければならないだろう。

しかしながらハイデガーの図式にのっとるかぎり、現在の議論はきわめて脆弱なものにしかなりえない。確かにハイデガーは、瞬視 Augen-blick という魅力的な「本来的な現在」を指示してはいるが、その具体的な中身を充分に記述してはいない(6)。そして「現在」にかんする議論の多くは、その非本来的な形式としての「頽落」へと向けられてしまう。ハイデガーは、意図的に現在を描かないのか、それとも描けないのか。だが、フッサール自身の生ける現在の謎をもちだすまでもなく、現在とは実際には、時間総体を根本的にとりまとめる位相なのではないか。こうした現在の本来性について、どのように記述すればよいのか。

この点について、木村が『時間と自己』の「あとがき」でつぎのように記しているのは相当に重要であり、また印象的であるとおもわれる。

「若いころに京大の辻村公一教授の指導でハイデッガーを読んでいたころ、辻村さんがふと洩らされた「ハイデッガーと西田先生の違いは、ハイデッガーでは将来が中心になるのに西田先生では現在が中心になることだ」という言葉が、その後もずっと私の心を離れなかったが、癲癇に関係して「現在」という時間のことを考えているうちに、禅の考えはずいぶん癲癇的だと思うようになった……父母未生以前の自己に出遭うなどという構造は、癲癇的な現在の生きかた以外では不可能である(7)。」

ここにイントラ・フェストゥムに独自な位相がはっきり西田的なものとして示されている。つまり「現在」とは、ある意味で「未来」や「過去」と並んで示される時間の位相ではないのではないか。現在がなければ過去も未来もなく、また逆にいえば、現在と何一つかかわりのない過去や未来は、そもそも時間という意義を逸してしまうのだ。

だがそのとき「現在」を、たんなる空間の一点のように想定すると、そこでは「現在」が含みこんでいる重層的な深みがすべて消滅することになる。ハイデガーが、現在という時間について、その本来性を指示しながらも非本来的な姿しか描けないのは、それがあたかも単純に空間化される一点として表象されるかぎりでの空間性を前提としているからではないか。だが、とりわけ木村がイントラ・フェストゥムとして示す深みをもった「現在」とは、そのような乏しきものであるはずがない。

ここにむしろ、九〇年代以降の木村の軌跡が、すでにみえ隠れしているとのべるのはいささか穿ちすぎであろうか。当初の「あいだ」論にひきつけてこう語ってもよい。木村が「あいだ」にこだわるのは、それがたんなる空間的な間隔性を示すからだけではなく、むしろそこに異質なものをま

---

(6) ハイデガー『存在と時間』第六八節。本来的な現在である瞬視は、道具的存在者や事物的存在者をはじめて出逢わせると描いているのだが、しかしその文脈自身が広く時間性と日常性をあつかう議論のなかに埋めこまれてしまっていることは疑いがない。

(7)『木村敏著作集　第二巻』、二六六頁。

たぎ越す「境界」が力動的に含まれているからだ。そして、考えてみれば「現在」とは、まさにそのような境界そのもののことではないか。

「現在」を、たんなる空間的な一要素としてではなくとらえることで、木村の議論が、現象学的存在論的な記述から、生命論的な差異へと移行することを明確にさせうるのではないか。それはある意味で、ハイデガー‐和辻的なタームから、西田的な議論のいっそうの重視に向かうこととかさなるのではないか。

ここまでの議論をまとめよう。1／木村の初期の現象学的な精神病理論は、和辻的な「あいだ」の空間性とその変調という傾向の強いものであり、2／そうであるかぎりで、過去・現在・未来を、いわば「あいだ」のヴァリアントとして並列的・解釈学的にとりあつかうものであったが（水平的・ノエマ的）、3／同時にこの過程のなかでの「現在」のもつ包括性は、一連の議論の枠組みをはみだす可能性を当初からそなえ、4／「現在の」議論を進めるなかで、九〇年代の生命論的議論（垂直的・メタノエシス的）が前面化してくるのではないか。そして、こうした推移のなかで、「境界」としての「あいだ」＝現在のダイナミズムがきわだってくるとはいえないだろうか。

空間と時間（二）——時間的な「あいだ」と空間の垂直性

「現在」という時間、イントラ・フェストゥムという名を与えられながらも、それ自身は境界であるがゆえに、空間化された現在としては到底とらえられない時間、まさに木村がてんかん、禅、天才性（創造性）、あるいは「永遠の今」という西田的なタームをもちいてみいだしていく「この現在」という、いわば言語的には不可能である次元が、ここで問題になってくる。そこでの「現在」とは、一面ではすべての時間を包括する場所性＝空間性であるのだが、同時に境界性としての「瞬間」でしかない。それはいわば、どこにでもありつつどこにもない場所、これとは特定できない界面である以外にはない。ところが、こうした「あいだ」＝境界のあり方は、自己と世界や、自己と他者が「ある」と感じられることそのものにむすびついている。

「あいだ」がもつダイナミズムを、しかし言語化されない何かとしてではなくポジティヴに表現するのは、木村がタイミングや偶然性を俎上にのせてくる議論においてである。一九九二年に出版された『偶然性の精神病理』（のちに岩波現代文庫、二〇〇〇年）で、偶然性やタイミングが主題化されるが、そのあたりから生命論的差異の主題が明確になることは、けっして偶発的なことではない。境界を指し示すのに、時間的なタイミング性や、そこでの邂逅の偶然性以上に適切な事例は、そうそうないようにおもわれるからである。ここで木村がもっとも初期に論じていた離人症的な主題が、「この現在」という「邂逅」の問題として再びとりあげなおされているともいえる。

九鬼が主題とされがちなこのテーマは、まさに西田の「行為的直観」という問題群にもむすびつく。そしてまた、生命論的差異を論じるときに鍵となる、ヴァイツゼカーの「生命それ自身はけっして死なない」という生の永遠性と瞬間性の問題も、これに連関するものである。そこでは「現実との生命的接触」（ミンコフスキー）あるいは「行為的な関係」（西田）において「他者に触れ」「世界に触れる」ことそのものが問題となる位相がとりあげられるからである。

タイミング論からみてみよう。精神病理的な観察からえられた他者との（木村の事例では父との）タイミングがあわない、あるいは自分のタイミングが「ずれる」という症例をあつかいながら、木村はつぎのようにのべていく。

「このような［タイミングというような］時間が動き出す一瞬の刹那、これは普通に言う個人的・主観的な「内的時間意識」でも、その根底に（個人の意識を超える拡がりとして）考えられている「永遠の現在」とでもいった全一的な次元のことでもない……意識の現象であると同時に意識の現象でないような出来事であり、個人を超えると同時に個人に属してもいる出来事である。(8)」

ここで木村は、垂直な深部としての「生命性」（それ自身を言表化すれば——もちろんそれは不可能であるのだが——「永遠の現在」という「全一的」なものとしてイマージュ化せざるをえないもの）と、意識として言表化され、ノエマ的に整序化されてしか示されない位相という、深さと表層との接触面を、自己と他者、そして自己と世界が成立する局面としてとりだしてくるのである。

「だから、タイミングと自己のあいだには思いもかけぬ深い関係、この二つを同義語と見なしていいほどの共属関係がある。われわれが自己とか自分とか呼んでいる何かは、はじめからわれわれの所有物として与えられているものではない。われわれはそのつどの世界との出会い、他人との出会い、あるいは自分自身との出会いに際して、瞬間瞬間にその何かを経験のなかに獲得し続けているにすぎない。[9]」

こうした瞬間は、すでにできあがった自己によってはけっしてコントロールできないという意味で偶然性に充ち、そもそも自己を自己として成立させる力にあふれ、それゆえ意識的なものとしては把握できない「発生機の」in statu nascendi 状態にあるものとされる。それはまさしく、タイミングがあう、タイミングがあわないという界面的な事情において、空間的な差異性と同一性を生みだす場面なのである。

さて、すでにこの論考でも用いている術語であるが、ここで木村は「三つの次元」を明示することで、これらの事態を整理している。すなわち、ノエマ的な「対象化された意識」の世界（木村の区分でいえば第三の次元）、メタノエシス的な「個人の意識を超える生命」である「過剰」の世界（第一の次元、それ自身はかいまみられるだけで、明確にみえてしまえばまさにてんかん的な、意識があふれるものでしかない世界）、さらにその境界のようなノエシス的な世界（第二の次元）である。この最後の位相こそが、まさにタイミングや偶然性という、意識化できないが、それが意識を形成するような、ダイナミックな両義性を示す場面だといえる。これを木村は、「意識の現象であると同時に意識の現象でないような出来事」という、先のタイミングの記述にかさねて論じている。

（8）『木村敏著作集　第七巻』、一二四頁―一二五頁。
（9）同書、一二五頁。

だがここにはもうひとつの、木村独自のラインがひかれてもいる。それは、リアリティ、アクチュアリティ、ヴァーチュアリティという、別の仕方での三つの次元の設定である。これはもちろん、ベルクソンからドゥルーズにおいて展開される議論に由来するものである。つまりは意識の現象というよりも、意識が発生する流れの実在性こそに着目した、それゆえ西田の「純粋経験」に最初からかなり近い議論であるといえる。これが上記の図式にそのままかさねられていく（ただし、論考「リアリティとアクチュアリティ」にみてとれるように、木村敏とドゥルーズのリアリティという言葉の使い方には違いがある。木村はドゥルーズのリアリティ／リアル（＝実在性／実在的）を「そこにはヴァーチュアルなものが——一般に「虚像」や「仮想態」の意味でのべられているのとは違って——主観的なもののレヴェルにおいてではあれ、真実存在しているという意向が含まれているのだろう」とのべ、これに対して「私の理解では……「リアリティ」とは、公共的な認識によって客観的に対象化され、ある共同体の共有規範としてその構成員の行動や判断に一定の拘束を与えるものである」とより狭くとっている(10)。木村はリアリティという言葉に内包されているラテン語の「もの」＝resという響きを強く踏まえているからであるだろう。だが他方ではヴァーチュアルとアクチュアルとのまさにこの「あいだ」こそにリアルの豊かな位相を、まさに実在そのものとしてみることも可能とおもわれるし、ベルクソン－ドゥルーズ的なタームを利用するならば、その方向もあわせて強調されるべきだろう）。

生命論的差異を論じるときに木村は、この前者の語り方から後者の語り方を、さらに重視していくともおもわれる。それは言葉のうえでの問題にすぎないのだろうか。アクチュアルなものはノエマ的な対象性に、そしてヴァーチュアルなものは生命的な非自己性（すっかりアクチュアルなものにはなりえない余剰）にかさなることは確かである。だがそこでは、より内実に踏みこんだ、何らかの組みかえが果たされてはいないであろうか。

「あいだ」の問いの垂直化へ

そうした展開についていては、こう説明しうるのではないか。つまり、前者の語り方は、意識から意識を越えた何かを、自己の未形成の状態に探っていくという意味で、やはり意識や自己の領域を前提としてしまっている。だが、後者のあり方では、そもそも「経験」を成立させるのは余剰の実在にほかならない。ヴァーチュアルである余剰があって、その分化として（西田は「自覚」と名指した、自己限定化の作用によって）自己が発生することになるのである。

これは、そもそも同じ事態を逆の側から表現しているだけではないかともいえるだろう。だがあえて、木村の立場が、ハイデガー－和辻的な「あいだ」の空間（水平の時間）性から、ベルクソン－西田的な「あいだ」の時間（垂直の空間）性に移行していくととらえるならば、木村にとって「あいだ」を説明するポイントも、やはり移動するはずである（ヴァイツゼカーの議論はまさにその「あいだ」にあるのではないか）。それは、タイミング論での主題そのものであった、そして九鬼周

(10)　同書、三〇四―三〇五頁参照。

造を例に語ることが適切な、「偶然」としての「現在」をきわだたせることにも関連する。これは、かなり決定的であるとおもわれる。

というのも、対象の側から、あるいは対象の意識からそのダイナミズムを「掘り下げる」かぎりでは、それは必ず、成立している対象を二重写しにする仕方で、それを根拠化するよりほかはないとおもわれるからである。だが、たとえば西田の「行為的直観」において重要なのは「作ること」そのものの創造性であるはずだ。作ることとは、何かを作ることにおいて、行為的直観が、身体行為＝アクチュアルと、無限をみること＝ヴァーチュアルの接合として、何かを発生させることである。それは対象を越えた何かをみるのではなく、対象を越えた何かがそもそもあり、まさに対象や意識を生みだすことでもある。

それゆえ、ノエマ、ノエシス、メタノエシスとしてそれらを区分しても、ノエシス的な行為のあり方は、けっしてノエマを基礎づけるものではない。それは木村が描くように、まさしく「出逢い」なのであり、「触れる」ことであり、そもそも対象化される必然性がまったくないものである（ドゥルーズなら躊躇なく、脱根拠的と呼ぶものである）。離人症患者は、あるいはタイミングのとれない患者は、逆説的ないい方になるが、むしろ自己も他者も世界もそもそも明確に対象化する必要などどこにもないという感覚を失っているのではないか。あるいは奇妙に聞こえるかもしれないが、あるべき必然性など何もないのに、ただ自己がいるということこそが、「あいだ」そのものを形成しているといえるのではないか。(11)

もちろんメタノエシスの領域、ヴァイツゼカーなら、まさに父母未生以前であり、ただ生があり、個体があることの意味もなさないとのべる領域、ドゥルーズであれば「第三の時間」という無限の時間であり、いわばアクチュアルになりえないヴァーチュアルなものの極限を指し示すそれは、それ自身として出現することはない。木村がイントラ・フェストゥムとして示すこうした領域は、ドゥルーズであればまさにランボー的な「見者（ヴォワイヤン）」と語るような、身体が状況に対応した行動をとれず、純粋に音響光学的な世界があふれてしまう、そうした場面に仮託して示すよりほかはない。言葉はノイズにしかならず、身体はカタトニー的にしかなりえないこの状況、これがメタノエシスそのものにぎりぎりに近い記述であるに違いない[12]。

むろん、正常な意識をもって、通常の生を送る人間がメタノエシスそのものに触れることは、きわめて危険であるだろう。しかし重要なのは、メタノエシスに触れるという意味で、ヴァーチュアルなものの無限性、無底性、無意味性が介在することによって、「あいだ」そのものが確立される

（11）「触れる」や「当たる」ということが、あるいは「みえる」ということ（木村がミシェル・アンリの議論をもちいて論じる文脈でのそれについては「コギトの自己性」『木村敏著作集　第七巻』所収を参照のこと）が、まったく能動的でもまったく受動的でもない、いわば「中動相」的な位相であり、そうした「あいだ」の文法性によってこそとらえられるということは、木村も坂部恵もつとに指摘してきたことでもある。私がなすのではないが、私が何かをなすことが成立してしまうことを提示するこの特異な言語的位相そのものは検討されるべきおおきな題材になるだろう。それはこの論考の最後で指摘しておいた、「あいだ」の垂直性と言語をつなぐ領域について思考するための鍵になるかもしれない。また本章補論でも言及したが、この問題は、賭博や偶然性の問いとも深く連関する。

ことの方にあるのではないか。

つまり、まさにタイミングや偶然（九鬼）、あるいは力の横溢（ニーチェ）によって示されるような自己の不安定性こそが「あいだ」があることを可能にするということである。つまりそれこそが、何かがこの世界で生じていることを自覚させるということである。それは、自己がコントロールできるものではない。世界が自己のコントロールを越えており、まさに偶然とかタイミングという仕方でしか示されないことの強調が、生命論的差異の議論の中心であるとはのべられないであろうか。(13)

さて、ここまでで論じてきたことをまとめ、この論考を終わりにすることとしたい。そこでは、木村の思考をうけ、むしろここからのちに考えるべきこと（わたしは精神医学の領域の者ではないので、哲学的な立場からしか何もいえないが）は、どのようなことかを整理したい。

第一に、時間と存在、時間と自己を考えるときに、空間としての点ではない現在、移行する垂直的な瞬間の現在というのは、たんなる過去と未来の「あいだ」ではなく、その「あいだ」自身を可能にする特異な位相だということである。そのかぎりにおいて、木村精神病理学においても、離人症からてんかんという「現在」にまつわる病は、一種の存在論的な特権性をもって示されうるのではないか。まさに現在という、タイミングであり、邂逅であり、瞬間として迸る時間そのものが、過去や未来について語ることをも包摂する構造になっているのではないか。副次的なことかもしれないが、ドイツ現象学の色彩が強く介在しているとみなされがちな木村の「現象学」的思索は、むしろ正当に西田的なそれであるととらえるべき理由もここから提示しうるだろう。

第二に、ここで示される「あいだ」が、ノエマとメタノエシスの、意識と非意識の、死にゆくものと死なないものとの「あいだ」として提示されるかぎり、その「あいだ」とは決定的に非対称的なはずである。それはまさに、一方が意識であり、他方が生命であるがゆえの、不可避的な非対称性であるだろう（日常と生死）。そのために、この垂直と水平との「あいだ」とは、過去と未来との「あいだ」といえるだけのものではなく、まさに時‐空の成立がせりあがってくる場面としての「あいだ」とものべうるのではないか。生命論的差異とは、これを語るために不可欠なテーマだったのではないか。

そして最後に、この「あいだ」が、つまり空間でも時間でもなく、その両者の連接である「あいだ」だけが、どうして「ある」ということを可能にするのかを考える必要があるだろう。差異だけ

(12) こうした事態にかんするドゥルーズの記述が、直接精神病理を対象とするものではまったくない『シネマ』においてであるということは興味深い。『シネマ』自身は、自然的知覚という位相を疑いながら、機械的な装置と連関してこそとりだされる「時間そのもの」の視覚に迫るものだが、それは進化的に与えられたわれわれの身体には「耐えがたい」ものでありうる。

(13) 論者自身は、賭博という事例においてこの位相を検討したことがある（拙著『賭博／偶然の哲学』河出書房新社、二〇〇八年、参照）。また同種の主題で、木村のタイミング論と連関づけながら、「賭博の時間」という論考を河合臨床哲学シンポジウムで発表させていただいたことがある（本章補論、初出は『空間と時間の病理——臨床哲学の諸相』河合文化教育研究所、二〇一〇年）。いずれにせよ、賭けと偶然性の問いは、九鬼はもとより、マラルメの「賽の一振り」をとりあげるドゥルーズを例にとっても、きわめて重要であると考えられる。

が、生命のあふれかえるあり方だけが、そこで自己がコントロールできない偶然性やタイミング性だけが、まさに世界を生きる自己の実質をつかませるものである。これは、「あいだ」の存在とは経験が根拠づけられることに由来するのではなく、予想もつかない出来事性にさらされることに関連することを示しているのではないか。

この最後の課題は、過剰現前としての「イントラ・フェストゥム」論こそを、実際には木村後期の垂直にかんする思考、生にかんする思考の軸となる位相として、再びきわただせることを可能にするだろう。木村の議論を継いで、「あいだ」と差異の思考を展開する課題を負ったわれわれは、こうした過剰現前のあり方について、さらに多くのことを考える必要がある。それは「生命」であっても、まさに危険なもの、自己を成立させながらそれを解体もしてしまうもの、根拠などにはなりえない剝きだしの実在そのものなのである。

ただこうした生命論的な視界が、言語の位相にかんする問い、おそらくはハイデガーからラカンへとつうじる、言語と実在の関係への問題系を、いま一度別の視角から提起してしまうことも確かだろう。それは過剰現前だけではすまないノエシス的な「あいだ」の差異を、別の仕方で指示するものになるだろう。また非現前どころか過剰現前であるというメタノエシス性が、逆に言語という位相にどう関わっていくのか、それは言語と自己という課題をも問いなおす機会になるのではないだろうか。(14)

(14) ドゥルーズが『哲学とは何か』で「カオス」から身を守る「傘」と表現したものは、こうしたメタノエシスから自己を守る「言語」の問題に回帰するための手がかりになるかもしれない。

補論　賭博の時間(1)
——九鬼周造の偶然論

タイミングと賭博の時間

檜垣です。「時のはざま——クロノスとカイロス」と題されたこのシンポジウムにお招きいただき、私としましては、二〇〇八年に刊行した『賭博／偶然の哲学』(2)に関連させて、何かの問題提起ができればよいのかなという気持ちでおひきうけいたしました。ここで司会をしておられます木村敏先生とも、以前対談で共著を出版させていただいたことがあり(3)、そこでも上記の賭博の議論を念頭において、木村先生のタイミング論について伺ったことがあります。それでまずは、タイミングというテーマを導きの糸にして、「賭博の時間」の話題にはいっていこうかとおもいます。

木村先生の論考は、他者（親や仲間）と「タイミングがとれない」という事例をつうじて、「メタノエシス」的な生命の時間（まったく非人称的な自他未分化な時間）が、「ノエシス」的な時間（メタノエシスが、自己に介入してくる閃きのような一点）をへて、いわゆる客観性を帯びた「ノエマ」

の時間（通常の時間体験としての意識の時間）に関わっていく重層性を解明しておられます。そして、西田幾多郎の「行為的直観」や、中村雄二郎の「臨床の知」を念頭において、それらの時間性のいずれを重視するのでもなく、そこでの「自他の界面現象」としてのタイミングに焦点をあわせていきます。タイミングの思考を手がかりに、木村先生独自の仕方で、西田的な「絶対の他」を想定しつつ、世界そのものが自己を越えて「あふれてしまう」ような、メタノエシス的な時間が、意識に介入してくる場面を描きだしていかれます。[4]

この議論は、私のドゥルーズの哲学への関心とさまざまな側面で連関します。[5] そもそもドゥルーズの時間論が、クロノスとアイオーンとのかさなりあいにおける「出来事性」の規定として、西田の「永遠の今」と非常に類似した構図をもっていること、晩年の大著で、ベルクソンのイマージュ哲学の書き換えである『シネマ』での中心主題が「結晶イマージュ」であり、それもやはり「永遠の今」のイマージュ化といえるものであること（このことについて、私はベンヤミンのアウラとの関

（1）本稿は二〇〇九年一二月一二日に行われた河合臨床哲学シンポジウム「時のはざま――クロノスとカイロス」の講演原稿を一部改編して、注を付したものである。発表の機会を与えてくださった皆様に感謝します。
（2）拙著『賭博／偶然の哲学』河出書房新社、二〇〇八年。
（3）木村敏、檜垣立哉『生命と現実――木村敏との対話』河出書房新社、二〇〇六年。
（4）ここでは木村敏「タイミングと自己」（『木村敏著作集　第七巻』弘文堂、所収）などを参照した。
（5）以下のドゥルーズの時間論については拙著『瞬間と永遠――ジル・ドゥルーズの時間論』（岩波書店、二〇一〇年）を参照されたい。

連を指摘したこともあります(6)、そして何よりドゥルーズが、資本主義の時間として統合失調症の時間をきわだたせること、これらがドゥルーズとの関連を考える際の重要なテーマになるでしょう。しかし今日は、こうしたドゥルーズと関わる議論は脇において、タイミングの議論でも露呈される「現在」の時間そのものの「不思議さ」が、「賭博の時間」とかさなることについて、若干のことをのべられればとおもいます。

木村先生の議論では、タイミングという「界面現象」は、精神病理的な臨床のなかでの「他者」との時間の調整論として展開されます。しかし、そこで他者の他者性を考えるならば、すでに人格化された他者というよりも、おおきな自然とでもいうべきものが（まさにメタノエシスとのべられる、自己が自己になっていない位相が）他者との関係そのものにおいて出現し、その自己による把握がたさこそが問題になっているのだと考えられます。そのときタイミングは、「賭ける」という事態と、そしてそこでこそとりだされる「現在」という時間と、強いむすびつきをもつとおもわれます。

何故でしょうか。ひとつは現在とは、それ自身が「過去」と「未来」という二つの時間の界面にほかならないからであるといえます。現在という時間だけが、まさにアクチュアルに自己が体験できる時間であるにもかかわらず、しかし現在という時間をピンセットのようにとらえようとしても、それ自身が薄膜のように消滅し、そこで何かを操作することが困難であること、これが重要であるとおもわれます。アクチュアルであるということには、そこで「この私」が生きているのに、しかし過去の「記憶」や未来への「想像」のように、「私」がある程度自由にできる内容はあまりなく、それどころか「現在」に何が生じるかは、実は「私」にはほとんど何も決められない、こうした両義性が含まれていることが、考察されるべきではないかとおもいます。

ここで少し賭博の具体例をあげてみます。

私は『賭博／偶然の哲学』では競馬という事例をとりあげましたが、界面性の強調は、「賭ける」という行為すべてに共通のものだとおもいます。それはつぎのようなことを指します。「賭ける」ということは、一般的にいって、非常に高度な「予測の知」を前提としています。もちろん科学的な予測と異なって、それにはかなりのきめの粗さや、あるいは競馬においては「タカモト式」と呼ばれるような（その荒唐無稽な仔細は、著作をごらんください）[7]、常識的にはオカルト的としかいえない予想方式も含まれます。しかし、いかなるものであれ予想は、経験的な過去を何かの仕方で摑まえ、未来を統御しようとするものにほかなりません。それゆえそこでは、「過去の実績」に強く裏打ちされた「未来の予測の知」がきわめて多大な比重を占めます。予想屋というのは、

(6) ベンヤミンとのつながりについては、前掲『瞬間と永遠』に所収されている論考に加え、「記憶の実在――ベルクソンとベンヤミン」（『思想』二〇〇九年一二月、岩波書店）でも論じておいた。ベンヤミン的なアウラとベルクソン的な生、それを下地においた精神病的議論は、木村敏のヴァーチャリティとアクチュアリティの議論とも連関し、重要な主題を形成するとおもわれる。とくにジャネなども含めた一九世紀―二〇世紀という時代のなかで、フロイト（ラカン）的に洗練される以前の生命と精神の議論は、精神分析的無意識とは別種の生命論的無意識をとりだすために検討を要するテーマである。

(7) タカモト式の荒唐無稽さとその否定しがたさについては、前掲『賭博／偶然の哲学』第一章「競馬の記号論」を参照のこと。

まったく無意味におもえる細部にまで意味を嗅ぎとり、予想の知を周密に蔓延させるたぐいの人間を指します。

しかしこうした予想は「賭け」であるかぎり、実は当たることを前提としていません。むしろ「外れる」ことを織りこんでしかなされません。「当たった」という日本語を考えてみればわかるように、賭けるという経験は、そもそも自分の統御を外れた事態との非常に受動的な「邂逅」を意味しています（これはつぎの九鬼の議論での中心的な論点になります）。

このことは、競馬をやってみれば誰にとっても明白のことです。ひとが驚くのは「当たった」時です。馬券が外れるのに驚くひとなど誰もいません。自分が予想した通りの現実が目の前に展開されるやいなや、ひとは驚き、こんなことがあってもいいのかと感じてしまうのです。それは、九鬼の例における、往来を歩いていたら瓦が落ちて風船に当たってびっくりしたということと同様に、「驚き」という情動に深くむすびついています。

では予想が当たると何故ひとは驚くのでしょうか。そこにはまずは「未来」が、そもそも何も決定されていない時間であるという事情が関与しているとおもいます。いかなる予想をたてたところで、この世界の総体を（そんな形而上学的なことをいわなくとも、たとえば競馬の一レースのファクターすべてを）みとおすことなど原理的にできません。そして賭博において、予想する対象はつねに未来に生じる出来事です。それゆえ、予想は予想が裏切られることを根本的な前提とせざるをえません（これは一見すると賭けとは水準が異なる科学の予測についても、究極的には同じことがいえるはずです）。

しかしながら「賭け」についていえば、こうした未来の予測不可能性がもっとも重要なわけではありません。何故ならば、「賭け」はつねに「現在」という「今」の行為性においてなされるからです。過去の知を駆使しつつ、未来の不定さに向かって賭けながらも、まさに半か丁かが明確になる「この今」こそが、賭博の時間であるからです。

そこで、当たるということの意義が露呈されていきます。予測をなすとき、私は私として能動的に振る舞っています。しかし裏切られることを明らかに含む賭けにおいて、それが巧くいく／いかないというのは、まさに身を投げだすのに近い振る舞いです。身を投げだすことには、ある種の無責任さがつきまとっています（賽子を振る行為もそうです）。それは、私が能動的におこなうのに、その結果にかんしては、ほとんど能動性のおよぶ範囲は限定されており、受動的なものこそがきわだってくる、そうした経験であるからです。

再び競馬に戻ってみましょう。競馬は、予想すること、馬券を買うこと、レースをみること、そのほかのさまざまな能動的行為によって、私が世界に向かいあうことです。向かいあうときに、私が私であることはきわだちますが、そのとき同時に、私は向こう側の世界＝自然にどこまでものみこまれていきます[8]。

だから「当たった」ときに、これは私が「当てた」のか、ただ「当たった」のかさっぱりわからないことになります。同じ結果を、能動的に「当てた」とも表現できますし、受動的に「当たった」ともいえるのです。そして驚きの情動がおおきければおおきいほど、そこでの能動性は受動性に包まれていくことになるでしょう。慎ましやかな博徒たちは、会心の予想が的中したときにこそ、

「たまたま当たっただけですよ」とはにかむはずです。[9]

賭博というのは、能動的でも受動的でもない界面でなされる行為です。それは、タイミングの自己を考えるときと同じように、意識的な能作によって支配することも、あるいはまったくの受動性のなかに浸るだけでも、そのどちらでもない、一種の界面としての「現在」を強く提示してくれるものです。賭けることと、タイミングをあわせることとは、それ自体としても酷似しています。他者とタイミングがあう、タイミングがあわないということは、まさに賭博の現在において、巧くいく／いかないということとかさなりあうものだからです（馬券が当たるときは、私は世界そのものと調律が巧くとれているのだなと感じます）。そこでは「絶対の他」と、私の行為との、つまりは能動と受動との界面としての「この今」が、まさにきわだっているのです。

「界面」としての現在

こうした「界面」としての「この現在」というテーマを、とりわけ偶然性に連関させて、独自に思考を展開したのは、やはり九鬼周造だとおもいます。九鬼は、西田的な「絶対の他」や、それをおりこんだ「行為的直観」を背景におきながら、独自に「偶然性」の議論を展開していきます。[10]九鬼の博士論文でもあったこの議論は、戦前の日本哲学（京都学派）のなかでも、オリジナルさにおいて突出したものだと私にはおもえます。

九鬼ははっきりと、「偶然性」を「現在」の時間性と規定します。過去を「必然性」で、そして未来を「可能性」でとらえることに対して、何かが生じる尖端のような一点こそを「現在」と考えるのです。

このことには、「記憶」としての過去の実在を強調するベルクソンの思考と、未来への企投（すなわち「死への先駆」）を本来性の時間性ととらえるハイデガーの思考との対比において（九鬼が生きた時代の「現代思想」にほかならない、両者への対立関係において）、九鬼の立場を示すものです。しかし『偶然性の問題』は、そうした思想史的文脈をのぞいても、「現在」という時間性の謎について、多くの話題を提供してくれます。

九鬼は、おおまかにいえば、三つの段階を設定しながら、偶然という時間を論じていきます。

（8） 九鬼の時間論やカイロス（＝機会の時間）の議論とも関係するが、季節的回帰と祝祭というテーマを、競馬という事例は的確にひきうけているようにもおもわれる。一般的な儀礼と同じことかもしれないが、私は毎年阪神競馬場の同じ地点から異なる桜花賞をみる際に、私が世界をみているというよりも、その世界から照らされている一歳年齢をへた自分を確認させられているとしかおもえない感覚に襲われることがある。回帰的場面は、時間の永遠とこの瞬間とを身体において確認させるものであるが、それと（瞬間性をきわだたせる）賭博性とのかさなりあいは本質的であるとおもう。

（9） はにかみが逆のあり方で示されるのは、現在の賭博システムでは、マークミスをした馬券が当たってしまうことに典型的に示されている。自分の予想が外れたのに金銭がはいってしまうことの動揺を、博徒はどう処理するべきかは、情緒論的に考えてもおおきな問題でありうる。

（10） 以下の記述は「偶然性の問題」（『九鬼周造全集　第二巻』岩波書店）に依拠している。

第一に偶然性を「例外」の概念で処理する段階があります。この「例外」というのは、いいかえれば「個物」のことだと考えられます。九鬼のあげている事例でわかりやすいのは「四つ葉のクローバ」です。

ひとは四つ葉のクローバがあると驚きます。あるいは、夏に寒いと驚きます。何故でしょうか。それは、常識的にクローバは三つ葉であり、夏は暑いと法則づけられているからだと九鬼はのべます。それらは、「過去」によって決定されている「必然性」によって示されるものです。それゆえ、クローバが三つ葉であったり、夏が暑かったりするとき、それは当たり前の事実であり、何の偶然性も含みません。しかしそれが「このもの」という規定を強くひきうけるのは、まさに法則的ではないズレがどこかできわだつからではないかと九鬼は考えるのです。九鬼はいささか強引に、法則に対する例外を、「個物」の規定とかさねあわせていきます。

このことには、まずは過去＝必然性、未来（予測）＝可能性に対して、現在＝偶然性という配置を強調させる意義があるでしょう。現在にあるものだけがアクチュアル（現実的）であり、現在にあるものだけが「このもの」というリアリティをもっています。しかしそれが、たんなる法則の延長でしかないならば、「このもの」として個体化する意義をもちえません。現在であることには、何かが法則から逸脱的に発生していることが、いわばそうした非本質性が、本質的に含意されているべきだというのです。出来事とは、まさに生じること＝ハプニングであり、偶然的であることがアクチュアルな「現在」を成立させているというのです。

ところが、これに反論をなすことも容易にできます。九鬼自身も論じるように、クローバが四つ葉であるのは、実は土壌の問題だったり栄養の問題だったり成長時に胚芽が傷ついたからにすぎないかもしれません。夏が寒いのは特定の気圧配置や海流の問題であるかもしれません。それはたんなる偶然ではなく、十分に理由があってのことかもしれないのです。

しかしその場合でも、何故それがハプニングにみえるのか、あるいは誰にでも強くそう感じられるのはどうしてなのかを問うことは可能です。ここから九鬼の議論は、その第二段階に移行します。

九鬼が考える偶然性の第二の場面は「邂逅」というものです。そこでは、二つ（ないしはそれ以上の）系列の「邂逅」に関連する偶然性がとりだされていきます。

九鬼がとりあげている例は、ここではつぎのものです。繁華街を歩いていた時に、屋根から瓦が落ちて地上の風船にぶつかってわれたとします。そこでは、瓦が屋根から落ちること（屋根そのものが老朽化していることや、強い風が吹いたこと等々）には何の不思議さもありません。また地上を風船が移動することも、完全に物理的な法則に従ったものであり、いっさい不可思議な点はありません。驚きを感じるのは、まさに瓦が風船にたまたま（偶々）「当たった」という事実です。それは二つの系列が、「いま・ここ」において「出逢ってしまう」ということに感じられる、人間学的な不思議さといえるかもしれません。

ここで九鬼は、先に「例外」が「個物」を認識させることから、個物の存在様式を、法則からの逸脱と描いたのと同様に、つぎのようにのべていきます。つまり偶然性を構成する驚きとは、二つの因果なり理由なりの系列が「いま・ここ」で「邂逅」することから発生するという事態を逆転させ、「いま・ここ」を、そもそも多次元的な系列の「邂逅」する「地点」としてとらえ返すのです。

すべての「現在」は、その「現在」であることを、たまたまなる「邂逅」によって規定されることになります。これが先の「個物」と「驚き」の議論を支えることは明らかでしょう。「個物」に込められたアクチュアリティが、ここでは世界の「この場所」へと拡大されていきます。ちなみに九鬼が、『「いき」の構造』において、異性関係の情動を「いき」の現象にみてとることは、こうした「現在」が、二元的なるものの不可思議な「出逢いの場」であることの、情緒論的美学論的展開にほかなりません[11]。

形而上学的な邂逅の偶然性

さて、このあとで第三の段階が提示されます。それはもっとも形而上学的な段階であり、原始偶然という事態に触れるものです。そこでは九鬼は「離接肢」という問題を提起します。それは偶然の最根源の部分を思考させるものです。

九鬼があげている例はつぎのようなものです。私が人間であるとして、どうして私はインド人でもエジプト人でもない日本人なのでしょうか。私が生物であるとして、どうして私は鳥でも虫でもない人間なのでしょうか。私が生まれるものであるとして、どうして私は（この私、すなわち檜垣の例でいいますが）一九六四年生まれで、ある特定の両親のもとに生まれた者なのでしょうか。他のものであってもさしあたり構わないのに、何故こうでしかないのでしょうか。これはまさに「離接的」な（現在のアクチュアリィティにおいて、共在できないもののあいだでこのひとつでしかない）偶然を意味します。それぞれの離接肢の他であることも可能なのに、現実的にはそれらは排除され、現在のこのあり方でしか私が（あるいはこの私を含むこの世界が）実現しないという偶然性が問われています。

これは一般的には原始偶然と「運命」に関わる問題系と考えられます。つまりそれは、私にとって、すでにどうしようもないかたちで決定された神話的な偶然性であるというのです。私は想像上そうではない姿を考えられます（だから「この私」が偶然にもみえます）。だがこの世界にある以上、そうではないものには絶対になりえません[12]。

九鬼は原始偶然に連関するこうした形而上学的な偶然を、端的に有と無との「邂逅」としてとら

(11)『「いき」の構造』が偶然論の情緒論的美学論的展開であることについてはもっとさまざまな言及が行われてもよいはずである。賭博的な現在が「身を投げる」という事態にむすびついていることは、そのまま性的な比喩ととることもできる。「いき」という、二元なるものの対立と緊張は、男女関係の、あるいは広く他者関係のそれそのものである。さらにいえば、そこでの「諦め」という情動は、本論考の最後で記したポストリスク論的な社会を描くときの倫理の議論につながるだろう。

(12) 離接の主張はただちに、ライプニッツ的な議論から共不可能性の概念をひきだしてくる、ドゥルーズの離接的総合との関連においとらえられるべきである。九鬼の原始偶然の議論では無限遠点に設定されるこうした過去が、しかし回帰しつづける現在に埋めこまれているのであれば、その二つの議論は明確にむすびついている。無限が有限のなかに矛盾しつつ共存してしまうことがそこでのテーマであり、それはつぎの生成の議論につながっていく。

え、先の第一の事例（「例外」である「個物」）と第二の事例（「独立した二系列」の「邂逅」）を根底から支える偶然として記述していきます。

しかし九鬼はこれを、遠き昔に有と無が「邂逅した」というあり方ではとらえません。離接の偶然では、まさに「いま・ここ」は、有と無の邂逅の現場として、事象の生成の局面として論じられるべきなのです。すなわち、「いま・ここ」が、まさに何かを「産みつつある」、過去と未来の「邂逅」的な「生産点」であることがとりだされるべきなのです(13)。

「生産」の地点は、「新しい」ものを発生させて産みだすという意味で、いわば必ず例外的であり（そうでなければ「この」現在ではありえません）、同時に必ず系列の邂逅であるのです（この「生産」という事態についていえば、九鬼が異性関係の「邂逅」を情動論の基本に据えたこととの関連を考えるべきとおもいます。それは生殖という生命の哲学の大テーマに――まさにメタノエシス的な議論の核に――つながっていきますが、その点は今はおきます(14)）。

偶然と賭博

ところで、これらの事態が、まさに賭博の時間とはっきりかさなりあうことは、着目されるべきでしょう。

先にのべたように、賭博における重要な情動とは、「当たった」という驚きのことです。当たるために、私はきわめて精密な知を駆使しますが、最終的にはまさに「賽を投げる」と表現されるように、予想が現実＝アクチュアルになるかどうかは、私の主体的な行為性には関わりません。賭博の醍醐味は、「予想もつかないことが起きること」を目の当たりにすることにあります。万馬券を誰もが欲するのは、もちろんそれが金銭を生むということとむすびついてもいますが、むしろそれより、「予想を越えた」「例外的」な何かが目の前に現れてしまうことの「快楽」がおおきいかとおもいます。

また予想を当てることは、もちろん、たまたま「当たる」という、「邂逅」性にもつながっています。投げだしたもの（ある数字を指定した馬券）が当たることが、瓦が風船に「当たる」のと同じ言葉で示されるように、「当たる」はつねに「当たってしまう」を含意しています。当然いかなるレースであれ、その結果の原因や理屈を探ることはできます。いわゆるレース回顧――何でこんなにスローになったのか、どうして先に仕掛けた馬がばてたのか、馬場状態、血統、騎手の調子などさまざまなファクターが仔細に検討され尽くされます――がそれに該当し、それがさらにつぎの予想行為におりこまれていくわけです。だがそれは「当たった」ことの受動性を基盤にせざるをえま

---

(13) ここで九鬼は生産点としての微分の議論を導入するが、この議論は、西田の『自覚における直観と反省』の記述と強い響きあいをもっているようにおもわれる。この点にかんしては拙論「生命と微分――西田と九鬼を巡るひとつの考察」『西田幾多郎の生命哲学』講談社学術文庫、所収を参照のこと。

(14) メタノエシスの生命という次元が、生と死という対比においては、むしろ生命そのものの横溢という事態に連関していること、そのかぎりでこの次元は、生殖に連関する非人称の身体性（個人に帰属するとはおもえない身体の力能）や、生殖に固有の他者性への開かれに関わること、これらの論点は非常に重要であるようにおもえる。

せん。

そして第三の有と無の邂逅についていえば、賭博はまさに「勝ち負け」が、いかなる理由も理屈も努力も越えて、今この場においてはっきり現前するという意味で、「生産」されることの意義をきわだたせます。博徒の生は、今を生きるアクチュアルであることが何であるのかを、まさに結果が白か黒かをはっきりさせるという仕方で明確に示すのです（原始偶然は「神話」によって語られますが、神話はいつも「いま・ここ」で反復されつづけるものであり、それはつぎにのべる賽子振りのイマージュに近いはずです）。

賭けることは厳然と結果を産出します。そしてそこで勝ち組に回ろうが負け組に回ろうが、競馬は毎週土日になれば施行され、われわれ博徒は際限もなくあぶく銭を使いつづけるわけです。それは現在の生が繰り返されつづけ、原始偶然が生じつづけることと折りかさなっているのではないでしょうか。

リスクと近代性・リスクと資本主義

こうした「現在」とのかかわり方は、歴史経済的にとらえられる「時代」という概念ともむすびついています。木村先生も、資本主義や文化的基盤と時間意識、さらにそれらと精神の病との連関について、数多くのことを論じておられます。しかし、ここではグローバル資本主義社会において、リスク社会化がどんどん進行している現状について、上述のような観点から少しのべてみたいとおもいます。

リスク社会という術語が社会学において語られるようになった（ベックやギデンズなどの）文脈では、原発や環境問題が強くテーマ化され、社会の予測と、まさに予測のバイアスがおりこまれた予測というその自己言及構造が着目されていました。しかしここで考えたいことは、もっと広く（フーコーが「統治」という事態を、ギリシアやキリスト教を含めて思考するように）、リスク計算という事態が、（ある意味ではじめから資本主義的な——たとえば「先どりの時間」であることにおいて——）主体の時間意識そのものに根本的に介在しているということです。予測は未来の時間性に関わるので、それは当然のことでもあるでしょう。

そもそも近代社会が科学革命に基づいて進展してきたことが、予測による未来の時間の支配と関連している点を念頭におくべきでしょう。科学が社会において決定的な役割を果たしえたのは、それが時間を均質化し、予測可能な法則性を未来に張り巡らす技法を（まさにテクネーを）生みだしたからにほかなりません。フーコー的な表現でいえば、それは、全時間を「統治」するテクノロジーであるといえるでしょう[15]。

しかし物理や化学の系において、予測の精度を上げれば上げるほど可能にみえた時間の統治も、

(15) 近代社会が未来の設計的統治である点については、ベルクソンの解釈に仮託して語るジル・ドゥルーズ『シネマ1』の第一章を参照のこと。フーコーの統治性と偶然性の関連については拙著『ヴィータ・テクニカ——生命と技術の哲学』（青土社、二〇一二年）を参照のこと。

それが生物学的だったり心理学的だったり、あるいは生態系的だったり宇宙論的だったりする拡がりにおいて把捉される「自己生成系」を対象とするときに、不可思議な事態にみまわれることになります。そこでは計算の不可能性に直面するからです。たとえば環境の系は、自己生成的、自己言及的な系の代表であって、近代的な計算の知の予測がどうにも統御しえないものです。それは近代的な意識のモデルでは、つまり意識の透明さによって「予測不可能な未来」を予測し支配しようとするモデルでは、摑まえきれないものです。生命であれ環境であれ、（あるいはそれを範型として描かれる二一世紀的な金融工学的な知のグローバル経済であれ）、システムの無限さとともに、予測行為そのものが未来にエフェクトを与え、複雑さの度合いが重複化し、とても予想できない事態が拡がります。

こうした事態にわれわれはどう臨めばいいのでしょうか。これを考えることが、そもそもグローバル資本主義以降の時間論にとって、根幹的なテーマではないでしょうか。

いささか形而上学的に議論を展開することが許されるならば、ここではパスカルの賭けと、マラルメの賽の一振りを対比させてみたいとおもいます。マラルメの賽の一振りの話題を、ドゥルーズが論じる場面に展開させれば、それはまさに九鬼の論じる有と無の「微分的生成」にまでいたるのですが、それはこの時間枠では難しいとおもわれますので、それらの対比をのべるにとどめます(16)。

パスカルの、神の存在にかんする賭けの議論は有名です。それはパスカル的な近代人が、無限を目の前にしたおののきをこめながら、そこで計算＝リスクのあり方をひきたてるものです。もちろんそれは、神という無限なるものに関わるかぎり、はじめから計算不可能性を前提にしています。

しかし、神の存在と不在について、合理的計算において、計算できないことを計算し尽くす欲望をもったこの主体は、あくまでも近代の主体にほかなりません。そして、リスク社会学の主体は、計算不可能性のなかにおいても、なお計算が可能であるかのごとく振る舞い、そこに賭けという事態を混入させるという意味で、まさにパスカル的な主体、無限に「怯える」主体です。これは近代的な資本主義前期の主体、計算的理性の包括不可能性を近代的理性において処理しようとする主体にほかなりません。

ところが、マラルメの賽の一振りの主体、神の遊戯として賽子を投げる「賭博の主体」は、時間が一望のもとに収められることをはじめから放棄した主体です。それは、九鬼がのべるような原始偶然の「どうしようもなさ」、主体がコントロールできない主体の自然性、それに対する実直な「驚き」を、そのまま「現在」の情動としてひきうける主体です。これは、賭博の考察(と偶然性の考察)のみが明確にできる、現在という存在の界面性をきわだたせるものではないでしょうか。

以下に引用するドゥルーズの文章は、マラルメの賽の一振りを強調しつつ、パスカル的な「近代」的発想が見逃してしまう、「この今」への信をひき立てていくものです。

(16) 賽の一振りにあたるこの場面のことを、ドゥルーズもまた、生成がパラドックス的に発生するための「根源的な始点」として語っている。世界の始まりや、「この瞬間」におけるそのつねなる開始をのべるときに、賽子振りという比喩が使われることの理由を考えるべきである。『差異と反復』第四章や本書第三章などを参照のこと。

「規則なきゲーム、勝者も敗者もいないゲーム、責任なきゲーム、無垢のゲーム、技巧と偶然が区別されないコーカス・レース……それは間違いなくパスカルの人間のゲームでもない……［マラルメ的な賽の一振りが示す］理念的ゲームは、思考と芸術のために確保されたゲームである。そこでは、偶然を支配するために、賭けるために、稼ぐために偶然を分割するのではなく、遊ぶことができる者、いいかえるなら、偶然を肯定し分岐させることができる者のためにだけ勝利がある。(17)」

賭博をなす主体とは、無限を支配しようとすることの裏返しの情動としての不安や、それを動因とする道徳などは保持しない主体です。それゆえ、賭博の主体は、時間のすべての統御を目標とし、そのリスク確率計算にまでいたる近代の倫理においては、まさに不道徳的な悪しき存在者にしかなりえないかもしれません。計算不可能なものを計算しようとするリスク社会は、確率への信頼と裏腹に、まさに賭博の主体を排除しようとします。しかし賭博の主体、いわば「無責任」に現在という界面に身を投げだす主体は、別の意味で、現在がそなえている「この世界」と、それが示す偶然性に、かぎりない「信」を確保している主体ではないでしょうか。

賭博の時間・賭博の倫理

賭博の時間と題されたこの短い論述をまとめます。

賭博の時間を、時間論としてひきたてることの意義は、つぎの三点にあるとおもいます。

第一に、それはさまざまな時間論が、実際には「現在」のもつ価値をみのがしがちであったことと関連します。「現在」というのは、自明なようでいてもっとも自明ではない時間、界面であるがゆえに、実際にはそれが何であるかをとらえることはきわめて困難な時間であるはずです。そのひとつの理由は、九鬼がのべるように、「現在」とは統御不可能な「邂逅」と、そこでの「発生」の時間を指しており、主体はそれに依拠して存在しますが、同時にそれにきわめて非主体的にしか関われない、そうした点にあるのではないでしょうか。そこでタイミングや偶然性の議論とともに、賭博において論じられる「現在」については、その界面的な存在性が強く浮き彫りにされるのではないでしょうか。

第二に、賭博の「現在」を強調することは、現在という界面性が、能動性と受動性との交錯として描かれることを明確にします。時間をとらえるときに、現在のみが主体の働きかけが可能な場所であるにもかかわらず、それは「圧倒的な」（自然史的な）受動性によってしか成立できません。ベルクソンであれば、現在に対する過去の比較不可能なおおきさをのべますが、その過去＝記憶とは、いわば自然史的な水準での身体と生命の自然にほかならないとおもいます。その一位相であるという意義においてのみ、そしてそうした一位相に関与できるという仕方においてのみ、主体は現在を

(17) ジル・ドゥルーズ『意味の論理学（上）』小泉義之訳、河出文庫、二〇〇七年、一一六—一一七頁。

生きることができるのではないでしょうか。それは賭博的なものたらざるをえないはずです[18]。

第三に、フーコーやドゥルーズが論じていることと連関しますが、近代とは、いわば時間の流れを徹底的に予測可能にする平板化／平均化においてとらえようとした時間意識の時代であり、それが先どり的な資本主義的時間を形成してきたという事実があります。しかしそこで時間の把握が、知とテクノロジーの進展によって精緻になればなるほど、逆説的なことに、現在を生きることの賭博性は強まります。金融資本主義がグローバル化すればするほど、金融は賭博的になり、生物学的テクノロジーが遺伝子系列に介入すればするほど、自然への操作は博打的になってしまいます[19]。

それゆえそこでは、徹底的にリスク計算化された社会が、つまり確率統計的なものに生の基盤を委ねる社会が現出しますし、望む望まないにかかわらず、それはわれわれすべての活動をのみこんでしまいます。しかし同時に、リスク化された社会とは、現在の賭博性を「隠蔽する」ものにほかなりません。それは受動的な自然史を背景にもち、その束の間の界面として実在するわれわれの生を、あくまでも近代的な枠組みでひきうけつづけようと振る舞う果てに現れるものです。そこでは怯えが基本的な情動になる生だけが増幅していきます。

ところが賭博の生、つまり自然史的な受動性をそのまま肯定し、われわれの偶然的な存立を生きるべき姿勢は、これとはまったく異なった倫理を指向するのではないでしょうか。「偶然を肯定する」と端的に表現でき、賭博者の「慎ましやかさ」をベースにおいたこうした情動とは、まさに九鬼が「異性関係」(繰り返しますが、それは二つの系列の邂逅という、そして他者と自己の邂逅という「現在」の意義を情動的に示す最良の例です)において「諦め」を強調したこととむすびついているでしょう。ここには、「資本主義後期」における「精神的生」を生きるための、きわめて形而上学的であり、同時に倫理的な主張が含まれているとはいえないでしょうか。

(18) 身体性、出逢いと性、生殖という身体的な他者のつながりが、あらゆる文化にとって一面では「忌避」の対象であることの意義はここにむすびついているのではないか。人間社会にとって、現在の賭博性をそれそのものとして露呈し肯定することは、社会自身の存立を脅かす何かにつながっているという普遍的な直観がそこで発動されているようにおもわれる。かつての人類学の主要テーマでもあったこうした禁忌にかんする原理論は、生命論的に新たに書きかえられるべきではないか。

(19) 後期資本主義において主役となるグローバルな金融や、あるいは情報ネットワークが、生態系的なシステム論（あるいはゲーム論的な議論）にきわめて親和性の強い主題であることは、この点で示唆的である。ともに、賭博的な瞬間性から形成されながらも、そこで未来に対する確率計算をどのように発動させるかが重要な問題であるからだ。しかしそこで賭ける主体やその時間性の議論は、システム論自体の盲点のように放置されつづけているとおもわれる。

第八章　坂部恵と西田哲学
――ペルソナ論を巡って

坂部哲学の分類不可能性について

坂部恵の哲学を考えるときに、まず戸惑うのは彼の思考の徹底した「分類不可能性」である。もちろん形式的にいえば坂部はカント学者であり、いうまでもなく代表作である『理性の不安』は、その副題が示すように「カント哲学の生成と構造」を巡るものにほかならない。とはいえその作品が、生成と構造という、カント哲学形成の周辺性、とくに三批判書の前後を（『視霊者の夢』や『オプス・ポストムム』など、まさに理性批判的なカントの「影」を）描くものであるかぎり、常識的なカント研究とは相当に趣を異にしている。後年、黒崎政男らとの対談で、カントに対置してライプニッツをはるかに高く評価するように(1)、そこではカントをあつかいながらもあくまでもカントに距離をとる思想史家としての視線が顕著である。それこそ『理性の不安』において、「人間学」を論じつつ「二つ眼の市民」という複眼的な思考を称揚していた事柄を、坂部自身がそのままカント哲学という、近代哲学にとっての中心的事象に対して適用したといってもよいのではないか。それは、思想史的研究であると同時に、思想史を成立させる基盤（それが近代にあることは確かだろう）を探ることで、独自の哲学の探求にもなりえている。

また坂部も自覚的であったとおもうが、その仕事はミシェル・フーコーの思考の軌跡とかさなりあう部分が相当におおきい。そもそも坂部のカント『人間学』へのこだわりは、初期フーコーがこの著作の考察を研究のひとつの軸にしていたことに関連する。そしてフーコーが『言葉と物』において「人間学的」な二重性という「まどろみ」から、まさしくカント的なものが抱えこむ「不安」を暴きだしていたことを考えると、年齢的に十歳ほどしかずれていないこの両者（フーコーは一九二六年、坂部は一九三六年生まれ）のつながりには、いろいろ考えさせるものがある。とりわけ、カントを相対化しつつも、しかし常識的に考えられるのとは逆に、現代的思考が、カントの地平のなかで、その不安＝危うさの向こう側を覗きこむことでしか成立しえないことを明確化した点は、この両者に共通するきわめて重要な成果であるとおもう(2)。思想史と思想そのものの、けっして一枚岩ではない複合性と困難さを、坂部はフーコーと同時にひきうけていたといえる。

さて、常識的な意味でカント学者ともいえず、ましてやフーコーディアンでもない坂部にとって、ひとつのおおきな領域が「日本哲学」であったことはみのがしえない。だがそれも、きわめて両義的なかかわりであるといえる。『仮面の解釈学』（東京大学出版会、一九七六年）以降、坂部が一貫して「日本語の哲学」の構築を目指していたことはいうまでもない。坂部は、時枝やバンヴェニストを利用しながら、日本語の西洋語との差異について論じ、あるいはまさに現代思想の流れのなかでみいだされる「非‐同一的なもの」を日本語の論理からとりだしていく。「仮面」という言葉や、それを巡るさまざまな和語の語源的な探求が、坂部の仕事の真骨頂なのである。

だが同時に、坂部の仕事のなかで、とりわけ京都学派周辺の「日本の哲学者」をあつかう、いわば思想史的な仕事も目をひくものである。「仮面」という主題が、和辻の『面とペルソナ』（一九三七年）をひとつの契機としているように、和辻の人称性や間柄性を巡る議論は、坂部の仕事のひとつの核である。さらに九鬼の時間論や、その偶然論を重視したことは、日本哲学史研究としてもおおきな貢献であるだろう。坂部は、この両者に対して、それぞれ「伝記的」な色彩のきわめて強い書物を出版することになる。この意味で、坂部の日本哲学に対する姿勢も、一面では「日本語の哲学」を探るものであると同時に、それをさらに広域の文化史的事象に押し拡げ、哲学のなかに閉じ込めるのではなく、むしろそれを相対化して把握しようと試みていることは明白である。[3] こうした両義性、あるいはまさに複眼的な姿勢は坂部の思考のなかでつねに一貫している。

しかし、これもまた坂部の思考の「分類不可能性」をあらわにしてしまうものであることはいう

（1）黒崎政男・坂部恵・浅田彰・柄谷行人「カントのアクチュアリティ」『批評空間』第二期第一九号、一九九八年、参照のこと。
（2）フーコーは晩年にも、啓蒙という事象に関連して、きわめてユニークなカント論を著している（「啓蒙とは何か」）。フーコーとカントとの一貫したつながり（まさにうらとおもての関係）については拙著『フーコー講義』（河出ブックス、二〇一〇年）を参照されたい。

までもない。坂部は、「日本の哲学」を遂行したのか。それとも日本哲学の伝記的・文化史的記述をなしたのか。これに対して、明確な解答を与えることはなかなかできないのである。

こうした事態は、坂部の思想の弱点にもみえるし、また個性的特徴にもみえる。『仮面の解釈学』を中心とするペルソナ論や、後期の『モデルニテ・バロック』に結実する一連の著作は、確かに坂部哲学といえるものを形成してはいる。しかし、哲学そのものを語るその段において、坂部はその試み自身から、まさに複眼的思考を駆使して文化史的な連関のなかに身を翻し、哲学から移動してしまうようにも感じられるのである。坂部は哲学者なのか思想史家なのか、この決定不可能性が、日本哲学を巡るときにもきわだってくる。

坂部の議論における西田の存在と不在

さらにもうひとつ、日本哲学の観点から坂部をとらえるときに、ほぼ同時代において日本語の思考を形成した論者たちとのかかわりや距離について考慮すべきだろう。坂部の時代は、いまとは違うかたちで、しかしかなりクセの強い仕方で、一種の日本思想が形成されていた。そのなかで、坂部の思考が、中村雄二郎や木村敏に相当部分おりかさなるものがあり、また同時に（同じ大学にいたという事情もあり）大森荘蔵や廣松渉のラインとの関連があることも無視できない。そして、そのつながりを統括しているひとつの核心は、実は西田幾多郎であると考えられる。

中村雄二郎や木村敏を論じるときに、西田哲学の重要性はいうまでもなく自明である。中村が自らの臨床の知を語ろうとした際に、西田的な「行為的直観」がおおきな意味をもっていたことは改めてのべるまでもない。木村敏の「あいだ」の思考は、和辻との連関が無視できないとはいえ、そのもっとも重要なポイントは、やはり西田の他者論であるようにおもえる（正確にいえば、現象学と西田との一種の混交と、しかしそのなかでやはり西田的な生命の思考の強力なせりだしが、木村の思考の本質であるとおもわれる）。

大森や廣松にかんして、西田とのつながりをのべることは意外におもわれるかもしれない。しかし大森の重ね描き世界論や、廣松の共同主観的な議論は、西田的な「純粋経験」による主観客観図式の廃棄や、出来事的な関係性における世界現象の成立の論理と、まったく無縁の発想であるとはおもえない。大森の知覚論は、いうまでもなくイギリス経験論由来ではあるが、その内容において西田の議論と関連づけることは可能である。また廣松は、一種西田的であるとも読める「即」の論理をもちいもしている（それは廣松のメルロ＝ポンティ批判にみやすい(4)）。さまざまな問題はあれ、東アジア的な生態性をめぐる廣松晩年の政治的主張と京都学派との関連を論じることも可能である。

（3）和辻の議論において（『和辻哲郎（二〇世紀思想家文庫一七）』岩波書店、一九八六年）、和辻と柳田の生家やその原風景の近さなどを論じつつその思考の発端を探る部分、九鬼の議論（『不在の歌――九鬼周造の世界』TBSブリタニカ、一九九〇年）における岡倉天心との「観念上」の親子関係を探ることなどは、その代表例であり、きわめて繊細な坂部的エクリチュールの典型であるとおもう。

（4）廣松渉・港道隆『メルロ＝ポンティ（二〇世紀思想家文庫九）』（岩波書店、一九八三年）、廣松渉『存在と意味（一・二）』（岩波書店、一九八二年／九三年）を参照されたい。

近代哲学の導入期において、それが日本的土壌とただちにむすびつかず、またそうした近代への批判と同時にそれを受容しなければならなかった事情とが、いくつもの論点においてかさなっている。

さて、こうした視角から坂部の業績をみてみる。すると、ある種不思議な感におそわれざるをえない。それは、坂部における西田論の「不在」とでもいえるものである。

確かに熊野純彦の編になる『坂部恵集　第五巻〈日本〉への視線、思考の文体』（岩波書店）には「西田哲学と他者の問題」という本格的な西田論が収められてはいる(5)。そこで、西田中期後半の主題である「他者」論がとりあげられていることは、きわめて意味があるとおもわれる。しかし坂部にとって西田は、どこかあつかい難い対象であったのか、和辻や九鬼に対するように、集中的な論考を著すということはなかった。

これはカントの議論において、その周辺から中心を探るという描かれ方がなされていたこととパラレルであるようにもみえる。中村・木村・坂部という、錚々たる七〇年代の日本の思想をつなぐひとつの軸は、京都学派の末裔に回収されえない西田の読みなおしにあり、そこでの主体・身体・実践・人称のとらえ返しにあった。だが、それにもかかわらず、坂部は和辻的なペルソナ論をとりあげ、九鬼的な偶然性と永遠の時間を主題化しながらも、彼らが参照軸にしていたはずの西田は、まさに周辺からしかあつかうことはないのである。

もちろんこれは坂部の思考のスタイルそのものであるといえる。坂部と西田という両者を比較するときに、一方で文体の問題があり、西田のそれが和辻や九鬼の洒脱なエッセイ的雰囲気をもった文体とひどく相違していることが影響しているであろうことは無視できない（逸脱するが、この点では、たんなる漢文調というだけではなく、そこでの概念造語性において、廣松と西田の近さはきわだっているとおもう。それは坂部が古層の和語を探るのとは逆ヴェクトルであるが、いずれが生産的かという議論はここでは措かざるをえない(6)。また、このこととかさなるが、西田は「哲学」という営為に哲学史的な視線を混入させることを極端に嫌い、まさに自己の手によって思考を築きあげようという傾向が顕著である。これも思想史から哲学をとらえなおす坂部の思考との決定的な相違点であるだろう。

だが以上の、それ自身としては重要な問題系はあつかわない。ここではむしろ、坂部における西田哲学の存在と不在という主題は、そのペルソナ論自身に深く関わっているのではないかという問題設定をたててみることにしたい。それは坂部のテクストを理解するためのひとつのポイントになりうるのではないか。

(5) 西田歿後五〇年特集の『思想』一九九五年一一月号(岩波書店)に寄稿した坂部の「思想の言葉」は、「あるのである」という西田のリダンダントな表現や文体を巡るものであったことにも注目したい。冗語的な二重性によって、内容のない日本的な主体=主語の反復的な強調をなすという努力を、坂部はそこにみている。

(6) 日本語の哲学における「概念創造」において、漢語を駆使した造語派(西田と廣松が双璧だろう)と、古語派(まさに坂部がそうであるだろうし、和辻もまたその先駆である)という二つのあり方を考えることは重要であり、哲学の普遍的な問題でもあるだろう。

ペルソナ論と西田

仮面とペルソナという言葉からは、和辻の間柄論や、レヴィ＝ストロースの人類学的な議論がただちに想起される。だが、坂部の仮面の議論の根幹に、西田の議論がはいりこんでいることは明らかである。そのことは、『仮面の解釈学』の冒頭におかれている「〈おもて〉の解釈学試論」での、西田の「述語論理」を念頭においた、つぎの言葉からもみうけられる。

「自己同一的な〈素顔〉としての自我、世界は、その原型、いわば〈原素顔〉としての神的な背後世界の死によって、素顔としての最低限ぎりぎりの意味すら失う。それらは、もはや、いかなる奥行きをもった〈おもて〉でもない……／真の〈変身〉、〈メタモルフォーゼ〉としての、真の〈メタフォル〉としての〈おもて〉の感覚を、わたしたちはどのようにしてとりもどすことができるのか。／一つたしかなことは、それは、自己同一的な〈実体〉の、自己同一的な〈主体〉と〈主語〉の論理によってはとらえられないということだ(7)」。

「〈おもて〉のかたどりと統一は、「主語となって述語とならない」自己同一的な〈実体〉としてのかたどりと統一としてはあらわれない。そのようなものとしてとらえようとするとき、わたしたちは、真の〈おもて〉の感覚に近づくべき一切の道を断たれる(8)」。

仮面＝ペルソナにまつわる事態を、坂部は端的に西田哲学の言葉を借りてのべているのである。〈おもて〉とは、〈主語〉でも〈主体〉でもなく、〈述語〉にほかならない。そこでは、ノエマ的な対象性とは異なった「より根源的な、原理的に対象化された実体としてはとらえることのできない、述語的な〈ノエシス〉面の統一とかたどり」[9]がみいだされるべきだというのである。ここでは世阿弥の文章とも絡ませながら、主語を指定せずに、出来事性そのものが流れていく事象を記述しうる日本語の特性がさらに語られていく。

こうした事態に関連して、坂部は、さらには人称性やコプラの主題をとりあげる。ペルソナがまさに人称性という意味をもつことにも関わるが、こうした〈おもて〉の位相を、坂部はたんなる〈ひと〉としての〈非人称性〉としてとらえることもしない。それはたんなる三人称性なのではない。さりとて、おもてとうらの世界は、そこで自己と他者の二者択一を迫る場面でもない。その表面性は「自己と他者、内と外といった差別相」を前提とするものではなく、「これらの区別がかたどられ生じてくる根源の領野」であるからだ[10]。ここで坂部は〈おのれ〉という言葉を重視しもする。〈おのれ〉は〈おもて〉とつながりつつ、まさに自己をも他者をも指し示す言葉で

(7) 坂部恵『仮面の解釈学』東京大学出版会、一九七六年、七頁。
(8) 同書、八頁。
(9) 同書、八頁。
(10) 同書、二〇頁。

ある。それは自己と他者との区別が生じてくる以前のあり方を指し示している。

この問題は、日本語のコプラの問いにもむすびつく。それは、いわゆる〈である〉と〈がある〉に関わる日本語的なSeinの問いであるともいえるのだが、そこでも坂部の関心は、木村敏の離人症の議論をひきうけながら、〈である〉ということ（対象性）が理解できるのに、〈がある〉（自分がある＝いるという出来事性）を感じとれない症例そのものに向かっていく。ここでもまた、木村を引用しながらであるが、〈ある〉という事態を成立させる「超越的述語面」という「場所」の機能不全こそが問題であると坂部は考えるのである。(11)

さて、〈おもて〉〈おのれ〉〈ある〉というこの三つの重要な事情において坂部がとりだしてくるのは、自己同一化＝主語化＝中心化＝ノエマ化（対象化）されたあり方ではとらえられず、それを解体するかのようにみいだされる述語的なものが、まさに〈おもて〉そのものとしてあり、その実践的な動性によってペルソナ性が形成されてくることにほかならない。それはけっして、うらに対するおもてでも、未分化なカオスなのでもない。坂部自身が註で記しているように、(12)デリダが差異（現在なら差延）として、あるいはドゥルーズが選言的総合（現在なら「離接的総合」と訳されているもの）として語ることにまつわる事情が、ここでとりあげられているのである。そこでは和辻的な〈あいだ〉概念になお残存する人間主義的な統一性をどう突き破るかという課題さえ提示されているのだが、これも西田との連関を考えるときにきわめて興味深いことではないか。というのも、西田ののべる「超越的述語面」とは、まさに差異化の空間であり、最終的には絶対矛盾的自己同一につながるものにほかならず、あらゆる意味で人間主義的同一性を要請するものではないからだ（和辻より徹底した西田における非人間性を、坂部は評価しているわけである）。坂部において、まさに仮面とペルソナの議論は、西田的な超越的述語面（そこで「面」のつながりを坂部は強調してもいる[13]）の問いでもあるといえるのである。

超越的述語面とペルソナ論

さて、いうまでもないことだが、西田幾多郎の述語論理は、まさに七〇年代的な現代思想の中心テーマであったともいえる。その理由は、西田の述語論理自身が、西洋的な主体の同一性を崩し、別の議論を探っていくときの鍵（それ以上のものであったかどうかは別にして）にみえたからに違いない。こうした西田の述語論理への着目は、それ自身が日本における間テクスト的な文化事象である。

西田の述語論理は、場所論から、その極限化としての絶対無へと展開されていく議論の過程でみ

---

(11) 同書、六三頁—六七頁。ただコプラの主題化については、田邊的な「種の論理」の議論では、むしろ西田の述語論理や場所論のあり方が絶対無へとダイレクトに向かうことを批判するという意味がこめられている点にも留意すべきであるとおもう。述語論理とコプラの問いはそれ自身かなり深い問題系を秘めている。
(12) 坂部恵『仮面の解釈学』、七二頁。
(13) 同書、八頁。

いだされてくるものである。より詳しくいえば、現在の岩波書店版全集では第四巻に収められている「場所」(『働くものから見るものへ』)での議論において、意識の場所性をさらに深く分析し、『一般者の自覚的体系』において、それを判断的一般者→自覚的一般者→叡智的一般者へと考察を進めていくなかでとりだされているのである。その先に無の場所が、そして絶対無の位相が、垂直的重層性においてみいだされることはいうまでもない。

それゆえ、述語論理の位相は西田の議論のなかでも微妙な位置をしめるといえる。それは、「純粋経験」という主客未分化な事態を一挙に描く場面から、自覚というそこでの差異化的な(まさにドゥルーズならば差異化=微分化とのべるような)位相をへて、その働きが可能になる根拠としての場所の議論を垂直に突き詰めていく途上に位置づけられるからである。

さらにそれ自身として考えてみても、主語の論理に対する述語論理とは、主語的な中心性をもたない事態において、一方ではその同一性が解体されながら、他方ではその解体のなかで逆に総合が発生するあり方をみきわめる両義性をそなえたものである。つまり、「超越的述語面」とは、「場所」として無限の深みを獲得するがゆえに、無限に拡散する(無におちこんでいく)主語を明かしながら、同時にそれを、あらかじめの同一性を定めない限定(つまり総合)としても描くという両方向性をもっているのである。

中村や木村によっても、この議論は非常に重視される。

中村雄二郎は著作『西田幾多郎』のなかで、通時的に西田の思考をまとめながら、そのひとつの焦点を場所論に想定している。それは中村のトポスの知や臨床の知に強くつながる議論であるだろうし、また「行為的直観」への注視にも関わっている。中村は、やはり日本語の議論として時枝誠記の言語過程説をもちだし、それが「期せずして」西田の場所論の日本語の思考に対する意義を明かしていると論じている。

「時枝の〈言語過程説〉が西田の〈場所の論理〉とのつながりをことば上見えやすいかたちで示しているのは、言語活動の基礎あるいは条件としての〈場面〉という考え方である(14)」。

そこで中村は、時枝ののべる、詞(客体的表現)と辞(主体的表現)の幾層にもかさなった入れ子構造性をもちだし、そのさらに先にあるものとして、西田の述語性や述語主義を位置づけている。中村は、西田の「真の自己同一は述語面にある」あるいは「主語面が深く述語面の底に落ち込んでいくこと」という言葉を高く評価し、詞を包むものとしての辞(いわば対象を包むものとしての出来事)が多重的に包含しあう日本語の構造を、西田の場所論になぞらえて思考している。

さらに中村は、「古論理＝パレオロジック」との関わりにおいて、こうした述語論理を説明する。そのよく知られた例は、一種の三段論法の転用である。すなわち、「AはCである、BはCである、それゆえAはBである」といった、主語が包摂しないかたちでの言語のつながりを探るものである。

(14) 中村雄二郎『西田幾多郎(二〇世紀思想家文庫八)』岩波書店、一九八三年、九五頁。

そしてこうした、ある種異様な三段論法において、まさに木村敏の分裂症論とのむすびつきが導かれてくる。木村は、通常はわれわれは「自己の底から述語面でこれを包摂して、個物と個物、概念と概念との間に連絡をつけている」がゆえにこうした論理には陥らないが、それを束ねる述語面がずれたときに、上記のような分裂症的事態がかいまみられることになるとのべている[15]。それは述語面の分裂的な離接性が、そのまま横につながるように(まさに横断的に)現れてしまっている事例である。

坂部自身が、ペルソナ論やコプラの問題において、離人症の問いに関連させていた場所と述語面の問題系は、こうした中村のトポス論そのものにかさなっている。

さらに中村は、西田中期後半のテクストである「私と汝」(『無の自覚的限定』所収)をとりあげつつ、こうした分裂的な側面を含む「場所」のあり方を、他者論そのものにつなげていく。西田の文脈では、述語論理をもちだす場面と「私と汝」の議論では、実際には「場所」の規定にかんしてかなりのずれがある。「私と汝」での西田では、もはや垂直的な深化の議論はいわば放擲され、それが水平的な位相におりこまれる事態こそが論じられている。だが中村は、いわばそれらをつなぐかたちで西田の思考をみているのである。

こうした中村は、西田の場所の議論をどうとらえていたのだろうか。

中村のさまざまな思索からいえば、ここに中村がみてとりたいのは、まさに舞踏や祝祭という身体的な実践やそのアルカイックで多層的な論理と連関するかぎりでの「場所」とその分裂性のことではないか。それは西田の議論においても、「私と汝」の時期以降に、身体や実践性が論じられるのとむすびついている。

また木村敏の西田への影響も、さまざまな角度から論じうるものであるが、あえていえば、木村の西田読解は、ノエシス的な述語面におけるノエマ的なものとの「存在論的差異」を強調し、それを無意識の位相を明示するものとして重視することに特徴があるといえる。九〇年代以降の木村は、アクチュアリティやヴァーチャリティの考察をさらに深化させ、ドゥルーズ的な生命論的差異をそこに関連づけてもいるが、そこでの不死の「生命」なるもの（ヴァイツゼカー）も、こうした基底の位相そのものを問うことにつながるものといえる。

さて、では坂部はどうであろうか。坂部は述語論理という、中村や木村と同一の主題をあつかいながらも、西田に対する姿勢としては、実は別様のあり方をとっているのではないか。それはペルソナ論の位相が、あれほど西田の超越的述語面に接近しているのに、その先の西田の議論が坂部において「不在」であるということに、ダイレクトにむすびついているのではないか。

ペルソナ論の彼方——垂直性と身体的無意識的実践

中村と木村の西田に対する視角と（そして彼らが日本哲学を論じるときに、西田を主軸とすること

(15) 同書、一〇八頁。ここでの木村敏の引用は中村からのものである。

と）坂部のそれとを比較してみよう。そのときに、当然のことながら、なぜ坂部の思考のキーワードが、仮面＝ペルソナ＝人格にあるのかということが、両義的な仕方できわだたせられてくるとおもわれる。

坂部が仮面＝ペルソナにこだわっているとしても、先にものべたように、そこからとりだされるべきはたんなる表面性の問題ではないし、表層における意味の戯れといったものでもない。〈おもて〉である仮面は〈うら〉に対抗するものではなく、それ自身が深みとしての離接的総合をはらみ、まさにドゥルーズがそれにこめた意味での深層を、二項対立としてではなく含んでいるものなのである。〈おもて〉自身が垂直性をたたみこんでいる表面性がそこで問題になっている。

たとえば九鬼の時間論を題材とした文章において、垂直の時間としての永劫回帰の時間を重視していること(16)、そしてたとえば和辻論においても〈垂直の歴史〉をこと改めて描いているように(17)、坂部にはつねに垂直性の重視がある。〈おもて〉や仮面は、垂直的な脱現在的な時間性、脱統合的な位相、まさに西田が周辺なく、いたるところ中心である円であるとのべるような場所性そのものをとりこんで成立するものなのである。

だがそれでは中村や木村とまったく同じことではないのか。しかし、である。こうした「場所」の、西田においては段階的に度あいを深めていく垂直性やその先をどうとらえるかについて、中村や木村と坂部には相違があるとおもう。それは坂部が、西田的ロジックをとりいれつつも、それを中心におくことを退けつづけたことに関わっているとおもえるのである。

中村においては、場所の議論は、行為的直観をつうじた身体的な行為性、そして行為における創造や制度にかんするテーマに向かっていく。ここで問題なのは、いわば身体そのものであり、身体を介した制度化の議論であるはずである。

演劇や舞台芸術から身体性に接近するという意味では、こうした中村の議論は坂部のそれと近い部分もある。坂部の議論において、能がひとつの主題であることは明らかなことであるからだ。しかし坂部では、能を演じる身体は、あくまでも表情なき能面における表情の形成という問い、いわば表現性の問題に集約されるのではないか。いわばそこでは、身体そのものが〈おもて〉に付着する〈かげ〉の領域を形成しているのではないか。

制度論についても同じことがいえる、坂部はリクールを媒介とした物語論をあつかいながらも[18]、中村がとりわけ晩年に主題化する、身体的な物質性を含む制度そのものを主題化することはない。社会体や国家体という西田の議論を突き詰める先に示される主題は坂部の領域ではないのである。その点、身体の行為性から制度論へと向かう中村は、ある意味できわめてまっとうに西田的な主題をたどっているといえる。

木村に対しても以下のようにのべられるだろう。木村は独自の精神病理学的探求のなかから、やはり坂部にもおりかさなる〈あいだ〉の議論を提示している。しかしそのなかで重要な位相をしめ

(16) 坂部恵『不在の歌』、一〇五頁以降の「ポンティニー講演」をあつかった部分など参照のこと。
(17) 「和辻哲郎と〈垂直の歴史〉」『坂部恵集　第五巻』岩波書店、所収。
(18) 坂部恵『鏡のなかの日本語』（筑摩書房、一九八九年）など参照のこと。

る差異についての発想は、一般的には無意識として処理されているものと、西田的な無、ないしは無の場所として語られるものとのつながりを示すものである。そこでは場所の議論は、存在論的差異の向こうにある無意識の領域と深くかさなり、分裂症論に向かっていくといってもよい。後年の木村が、こうした存在論的差異をさらに生命論的差異へと徹底するとき、西田的な「微分哲学」との関連はいっそう決定的になると考えられる。

つまり「超越的述語面」である場所の領域をとらえるさいに、中村は制度的身体という方向で、木村は無意識とその生命性という視角から、ある種の具体化（実体化ではなく）をおこなっているといえる。それに対して坂部は、最初から一貫して、〈おもて〉であるところの仮面のあり方そのものに、「超越的述語面」の分裂や離接の機能をダイレクトにむすびつけているのである。

これは、坂部がなぜに本格的な西田論を忌避したのかの説明にもなりうるだろう。西田から多くの示唆を受けながらも、そして西田的な垂直性、離接性、あるいは場合によっては無や永劫回帰（「永遠の今」）というテーマを内包させながらも、そこで坂部は西田のように、それらに対するいかにも哲学的な踏みこみはおこなわない。中村や木村が、西田の主題にいわばひきこまれるように、自己の領域での議論を深化させていくのに対して、坂部は意図的なのか非意図的なのか、西田が憑依したような文章を書くことは避けつづける。それは彼自身が、西田的な日本哲学をとらえ返しつつも、それを不在の位相におくことによって、西田とは別のかたちでの問題設定や、とりわけ思想史への接近をおこないたかったことの反映ではないか。

坂部の〈おもて〉＝仮面＝ペルソナの議論が一貫してあつかっているのは、実は「表現」の問題であり、「表現」のあり方を巡る物語性の問題に集約されると、ここでさしあたり結論づけることもできるかもしれない。あるいは、〈おもて〉が示すような表情の問題に、そこでの表情＝表現の、まさに垂直性と水平性がかぶさりあった〈あわい〉の領域にのみ、坂部の根本的な関心があったといえるのかもしれない[19]。それは〈おもて〉の背景を問わないという条件のもとで、つまり通常の哲学的思考では問いだされざるをえない身体・無意識・生命の「深さ」をあえて問わない[20]という意味で、坂部のオリジナルな思考をつくりあげていたとのべうるのではないか。もちろん坂部の思考に身体や無意識が欠落しているのではない。そうではなく、坂部にとってはあくまでも、それが「表現」「表情」というあり方においてみいだされる位相のみに関心があったのではないか。

それゆえ、『モデルニテ・バロック　現代精神史序説』（哲学書房、二〇〇五年）を中心とする、一種ベンヤミン的な断片的哲学史的な探求[21]、あるいはカントから現代哲学にいたるさまざまな知見

(19)　坂部は初期からドゥルーズの『意味の論理学』に言及しているが、それは表現のパラドックス性とその言語的な離接性が、坂部の関心の焦点であったことを示すものにほかならない。一方、翻訳の話がありながらも結局は実現しなかった『アンチ・オイディプス』については、そこでのCsO（器官なき身体）的な身体について、坂部的な姿勢からあつかうことは難しいとおもわれる。

(20)　個人的に坂部に会った最後の機会が、二〇〇七年の年末に京都でおこなわれた日本哲学にかんする会合（土井道子記念会・上田閑照主催）であったのだが、大正生命主義を主題としたその場においても、生命という主題一辺倒に傾く事態に対して警告めいた言葉を発し、むしろこの時代が人格主義という側面から改めてみなおされ、そのなかで生命主義の主題も組みこまれるべきであると主張していたことがおもいかえされる。

に裏打ちされた思想研究を除いては、坂部哲学総体を継承したり、あるいはそれを展開したりすることは、非常に困難であるようにおもえる。それは思想史家であることによって思想家であり、表現を論じつつ自らも、実は一表現者たる姿勢を崩さなかった坂部の、先にのべた「分類不可能性」の核心に関わることではないか。そしてそれこそが、坂部においてしか実現させることの不可能であった「作品」を生みだすことにつながったのではないか。

〈おもて〉としての仮面は、あくまでも表面でも表層でもなく、それ自身は深層をも、分裂的なものをも含みこんだ一回きりの「表現」であり、この「表現」を垂直的な歴史性から解きほぐしつつ別の「表現」の垂直性へと昇華させること、これが坂部的な哲学の生の課題だったのではないだろうか。

(21) モデルニテ・バロックの問題群があつかっている、近代がおき忘れてきてしまった問題とともに、坂部が眼をつける領域が思想史的に徹底した「中間性」や「マイナー性」に関与していることも、そのあり方をよりきわだたせることであるとはいえないか。カロリング・ルネッサンスや、あるいは日本文化における室町期への視角などを考えると、これには相当徹底したものがあるとおもわれる。

第九章　大森荘蔵と立ち現れの「場所」

大森荘蔵のテクストのなかで、珍しく西田幾多郎に触れたものがある。それは、西田幾多郎の弟子である下村寅太郎（当時の東京教育大学教授）を、東京大学教養学部の非常勤講師として招聘したときの逸話からなっている。予想されるように、大森は西田の思考をさっぱりわけのわからない代物とし、下村による西田哲学の高邁な話についていけず、氏に申し訳けがないという趣旨のことをのべている。(1) 独特の散文的な文体によって論を展開する大森が、巨大な観念的構築物にみえる西田の議論に対し、直観的にうけいれがたいものを感じたのは、いわば当然のことのようにおもわれる。

(1)「駒場の下村先生」『下村寅太郎全集　第七巻』月報四（みすず書房）。この文中で大森は「西田哲学はその毒性と伝染力において最も悪性のウィルスであると感じていた」と述べているが、私は表面上正反対の大森哲学の中にいわば同じ類の（しかし評価すべき）事態をみている。大森ほど「弟子」の多い哲学者が二〇世紀後半にいただろうか。

大森は、物理学を修めたのちに哲学に転向し、アメリカに留学して分析哲学を学び、日本に戻ってからは東京大学駒場という場所を代表しつつ、一貫して科学論に関心を払っていた。その経歴からも、西田とは異質なものがみてとれる。

だが、ともに独自の「概念創造」をいささか逸脱気味になしていく点を除いても、西田やその周辺の思考と大森の著述とのあいだには、けっして看過できないつながりがみいだされるようにおもわれる。

大森は、相当高齢にいたるまで著述活動をつづけ、晩年においてもおおきな転回をなしている。『時は流れず』（青土社、一九九六年）などに代表されるそれらの後期の著作も大変に興味深い。だが、ここではとりわけ、東京大学退官以前の著作、とくに『新視覚新論』（東京大学出版会、一九八二年）と『物と心』（東京大学出版会、一九七六年／ちくま学芸文庫、二〇一五年）に限定し、そこでのいわゆる「重ね描き」と「立ち現れ一元論」に絞って考察をおこないたい。それだけを考えてみても、西田と大森のあいだには数多くのつながりがみてとれるからである。(2)

まずは、『新視覚新論』『物と心』にみられる「立ち現れ一元論」をとりあげてみよう。そこでは、心身二元論に代表される二元論的思考がどこまでも退けられていく。「立ち現れ」の議論においては、まさに物や感情が、それがある場所にそれそのままに現れるとされるのであり、対象——知覚作用——知覚主体という区分が介在してくることは強く拒絶される。知覚の働きはひとつながりのものであり、そのプロセスのなかに特権的な私がいるわけではない。私はこの景色のこちら側にいるわけではなく、世界はそのままとして立ち現れ、私はそうした風景のなかにいるというのである。

これは西田の考える純粋経験とどう違うのだろうか。大森も西田も執拗に知覚のプロセスのなかに、私なるものの特権的な「心」に該当するものも、それと切り離された「対象」そのものもないとのべる点は同じである。またこの論脈は、和辻の「あいだ」とも連関するだろう。大森が感情や雰囲気を論じるとき、『風土』の「序文」における和辻の議論と接近したものをみてとらないことは難しい（感情や気分はまさに風景のなかにある）。確かに大森自身は、初期に独我論的姿勢をとったとされており、こうした知覚風景の一元論自身が、初期ウィトゲンシュタインを経由していることは確であるだろう。[3] だが、そうであるとはいえ、記述そのものの西田との類縁性は明瞭である。

また大森が「重ね描き」論などにおいて、日本語の構造をあつかっている点も目をひくものが

---

(2) 大森の著作の区分については、東京大学退官時に編纂された『哲学の迷路　大森哲学　批判と応答』（野家啓一編、産業図書、一九八四年）での野家の紹介文では、『物と心』『新視覚新論』はともに後期に分類されているが（同書一二頁以下）、それ以降の転回を重視する中島義道『生き生きとした過去——大森荘蔵の時間論、その批判的解読』（河出書房新社、二〇一四年）では、両著作は初期に区分されるようである（同書八頁など）。前者の論集の刊行時点では、当然それ以降の展開は視野にはいらないのであるが、現在からみれば、最晩年の大森の著作群をどうあつかうかについてはさまざまな見解がありうるとおもわれる。

(3) 一元論において独我論と実在論は実際にはかさなりあうだろう。その際、大森が初期ウィトゲンシュタイン的な独我論をどこかでひきついでいることは確かである。だがそうした事情は、自覚や他者が問題となる以前の西田についてもほぼ同じである。知覚風景の一元論をのべる際に、「他者」問題の切迫性がないのであれば、それは独我論でも実在論でもありえ、（さらにいえば西田と異なり）大森においては最後までそうであったようにもみえる。

ある[4]。大森は時枝誠記による日本語の「ふろしき構造」をひきあいにだし、インド＝ヨーロッパ語族とは異なった日本語の文法構造の特殊性について、自分の議論とかさねあわせながら論じている。時枝の議論の検討は別途必要であるだろうが、そこでは、西田が考えた述語主義と近接したものがのべられているともいえる。このことからも、大森の「重ね描き」が、もちろんさまざまな相違を含みながら、西田的な「場所」の多層性につながっているととらえられうるだろう。

だがこれらは、大森の視覚論が、その表題からも明確なように、ジョージ・バークリー（大森の表示ではバークリィ）の議論をモデルとし、経験論的な論脈において形成されてきたことを考慮すれば当然のことであるかもしれない。西田の純粋経験もまた、イギリス経験論の末裔であるアメリカにおけるプラグマティズムの影響のもとにあり、また両者とも留保つきながらベルクソンへの参照は欠かさないのだから[5]。いわば彼らは、日本におけるコンテクストを介することなしに、似かよった思想的論脈においてむすびついているといえる。

同じことが、知覚にかんする問いの極限についてもいえるだろう。両者ともに、「底なし」という事態を相当に重視するからである。

この点も、西田と大森の両者が、知覚における一元性にもとづいて議論をなす以上、とくに驚くことではないかもしれない。『新視覚新論』のなかで大森は、視覚が「どこか」で像をむすび、主体が「それ」を把握することを徹底して拒絶し、では視覚がどこにあるのか、眼球なのか神経系なのか脳なのかと問うたのちに、その果てとおもわれる脳の方向には「底」がない、つまりそれをうけとめる主体もないし、なにもない、世界はただみえるままにそこにあるとのべている[6]。

西田が、大森とは対照的に、いかにも観念論的な表現で「無底」を論じたことは、こうした大森の問いとは方向が異なるといえる。だが西田の「無底」も、知覚にはそのプロセスだけがあるという発想をぎりぎりに詰めたのちに、それを最終的にうけとめる世界の場所が「ない」と論じるものである。大森はそれを、いわば徹底して経験論的なラインで描いただけではないのか。

とはいえ、両者のあいだにずれはある。それは、「触覚」のあつかい方にみいだされるとおもわれる。大森は、『新視覚新論』においてバークレーをひきあいにだしながら、現実性にかかわる感覚としての「触覚」の重要性を、終始一貫してのべてはいる。とりわけ痛みの特権性は明確であり、痛いということは私が現に痛いということ以外の何ものでもないと主張してもいる。とはいうものの、その「立ち現れ」の議論のなかでは、実際には触覚に重点はおかれずに、視覚的なものが突出してくるのである。

それは、『新視覚新論』が視覚をあつかう以上、やはり当然であるといわれるかもしれない。この点は、『新視覚新論』において、光の速度といういささか特異な主題を介して過去の視覚こそが決定的なものになることと強く連関しているようにおもわれる。触覚においては、いまここしかない。とはいえ視覚の多層性を考えたとき、それは過去性をつねに帯びてしまうのである。だがそこ

(4) たとえば『物と心』(東京大学出版会)、二二一頁以降など参照のこと。
(5) 大森については『物と心』、二八頁参照のこと。
(6) 『新視覚新論』、一三三頁。この議論は、晩年に展開された「無脳論」につながっていくだろう。

での視覚の議論は、どこか身体を欠いた風景になりがちである。大森は、身体とその触覚性について、『新視覚新論』のはじめの部分で十分な注意を払いながらも、そうした視覚世界の触覚が与える現実性にかんして改めて主題化することはない。

この点は、晩年の大森が、まさに言語による「制作」を重視することともむすびつくだろう。[7]大森の制作は、あくまでも言語論的なもの、すなわち意味論的なものに傾斜する。ところが西田のポイエシスは、言語的な側面をもつとはいえ、あくまでも「かたち」にこそかかわるのであり、身体とその運動がその中心をなすのである。それに対して大森は、言語による意味の制作こそをとりあげ、それを「制作」する「身体」とはむすびつけない。[8]

このことは、両者の議論において何を導くのだろうか。以上の主題を押さえつつ、大森の議論の独自性をひきだしてみたい。

立ち現れ一元論の多層性

すでにのべたように、大森の議論は、ありとあらゆる「見え」が、どこか（眼球・脳・心）に像をむすぶことで成立するのではなく、すべてそれがある場で立ち現れるととらえるものである。この点で、西田の純粋経験との類縁性は確かにある。だが大森において特徴的なのは、「見えること」においてみいだされる主観も客観もない純粋性を、さまざまな事象に拡張して適応していくことにある。そのあり方は、「立ち現れ一元論」において、実に融通無碍である。

「二章、特にその末尾で述べたように、視覚風景のあり方そのものがすなわち「私がここに居る」、そしてその風景が見えている、ということなのである。そして私はその場の登場人物ではない。このことは他の種類の知覚、そしてまた想起や想像についてもいえるのである。[9]」

ここで大森は、「立ち現れ」るものがその場そのものにある、という視覚に範をとった事態を、過去の「想起」や妄想的なものも含む「想像」にまで広げていく。そしてさらにそれを、誤った知覚、あるいは鏡の知覚などにまで拡張するのである。

いくつかの見解はあろうが[10]、私にはこれは、「立ち現れ」論に先だつ「重ね描き」の議論の、視

---

(7) 中島義道の前掲書では、こうした言語論的転回は、「立ち現れ一元論」の崩壊にしたがう転回として描かれている（同書三二頁、一三八頁など参照のこと）。そこでは、のちの光速度の議論にも関わるが、物理学的時間を絶対視していた大森が、それをも批判する（あるいは条件ではなく制作の対象になる）ことが論じられる。

(8) この点は、本書第六章で廣松渉について論じた際、彼の記号論的偏重を問題視したのと同じ文脈の問題であるのかもしれない。大森と廣松という、東京大学駒場キャンパスにおける哲学の最盛期を支えた二人に共通の時代性が影響しているのかどうかは判断するのに難しい。だが、経験論者大森も、マルクス主義者廣松も、「意味」というタームに、この時代に特有のあり方でとらわれているようにみえる。

(9) 『新視覚新論』、六一頁。

(10) 野矢茂樹は野家編集の前掲書において、「重ね描き」論から「立ち現れ」論への移行を、軌道修正しつつもうけつがれたものと論じている（『哲学の迷路』、二一七頁）。野矢自身のアスペクト問題をひきうけて展開されるその後の議論も示唆にとむものである。

覚風景を根本的であるとみなしたうえでの「純粋経験化」ではないかとおもわれる。
ところで「重ね描き」について、大森は以下のようにのべている。

「自然科学が描写できるのは、私がランプを見るときに、私の肉体の内外で生起している自然科学的事象である。しかし、それが「私がランプを見る」ことではない。前にのべたように、自然科学はこの私のなまの経験に、その自然科学的描像を重ねて描くのであって、このなまの経験を描くのではなく、また描くこともできない。[11]」

これは前者の「立ち現れ」の記述とある種の位相差がある主張である。後者で描かれているのは、科学的な記述と日常的な経験のずれについて、それが同じ世界の異なった描写であることをのべるものである（そこでは、何が「本当の」記述かという不毛な問いをたてないことがポイントになる）。それに対して、前者は視覚経験を一種の「なまの経験」としてとりだし、その構造を描くものといえる。この点からまずみていこう。

後者の「重ね描き」が必要であるのは、大森が科学哲学者として、日常の風景のみえと、科学が記述するそれとのあいだのずれに鋭敏にならざるをえなかったことからもよく理解できる。そしてこの議論は、心のありかという、科学論者が否定しようにも否定できない問題性に対して、大森がとことん接近したがゆえに論じられているともおもわれる。そこでは、みえている世界が科学的に記述されようが、心的に記述されようが、それは「重ね描き」として同じ世界をあつかうものだとされるのである。

それに対して前者の記述、まさに視覚的な「立ち現れ」は、大森が「なまの経験」と『物と心』でのべたものそのものを検討する過程でとりだされる議論だといえるだろう。そこでは、主観、客観、想起、想像、誤謬、鏡像、こうしたさまざまな「なまの経験」が、すべひとつながりのものであり、みえるがままにそこにあるとされるのである。

とはいえ、ここで考えるべきは、こうした「なまの経験」のうえに、大森がさまざまな経験を、それこそ多層的にとらえていくことにある。『物と心』では、科学的経験とともに言語的な「重ね描き」が問題にされるし、『新視覚新論』においては、すでにのべたように、想起や想像だけではなく、みえていることの裏側、鏡像なども、いわば「なまの経験」である視覚世界のヴァリアントとして、さまざまな仕方でとりあげられるのである。

ここでつぎのように問うことも可能だろう。すなわち、「重ね描き」されるさまざまなもの、「立ち現れ」るいくつものもの、それらは何か決まったアプリオリに即して「重ね描き」され、「立ち現れ」るのだろうか。それとも、そこで「重ね描き」の、「立ち現れ」の多層性は、いくらでも設定できるのだろうか。このような問いは、西田に対してであれば、場所論において示されていた、場所の階層性の主題にかかわるはずである（たとえば、科学や論理の位相は判断的一般者の領域で、主

(11)『物と心』、一六頁。

観性とおもわれるものは、自覚的一般者の領域の一部にあるのであろうが、そうした場所的階層性は、何かのアプリオリの産物であるのかどうか、というように)。

こうした問いに対して大森は(そして本当のことをいえば西田も)解答そのものを拒絶するだろう。経験論者である大森にこうした質問を向けても、実際に科学があり、実際に想起があるからこう描けるだけだとしかのべないはずである。おそらくそののちに、ではそれらは歴史的に規定されたものかという問いが提起されうるだろうが、これに対しても大森は、一種の自然進化史的な知覚の規定をのべはするが(たとえば視覚について、眼が二つあり、比較的前を向いており、視野が重なるが同時に後ろはみえないなど)、それを根本的に考察するわけではない(これもウィトゲンシュタイン的な姿勢であるといえる)。

とはいえ、一連の議論において、大森が強いこだわりをもって描く場面がある。それは、「みえること」の根幹である「なまの経験」が、「光速度」の問題とむすびついていることにある。光速度は物理学的に一定であるという主張が、大森視覚論のなかで「何をみているのか」という問いの根幹にはいりこみ、大森はそこに異常なまでに議論を集中させるのである。

過去の視覚の特権視

まとめよう。大森の議論は、「立ち現れ一元論」的なものである「なまの経験」を地としながら、そこにさまざまな図を「重ね描き」として浮かびあがらせるものである。それが科学や心の「重ね描き」であることもある。またこの「立ち現れ」そのものにおいては、想起や想像もまた、じかにありのままに「立ち現れ」る。現在みえるものは、そこにまさに「立ち現れ」ているのであり、心と物は区分できない。同様に、想起においても想像においても誤謬の知覚においてさえ、そうした対象は想起そのもの、想像そのもの、誤謬そのものとしてそこにある。まさにあるがままにそこにあるのである。

だがその「そこ」には一点だけ根源的な規制がかけられる。それが光速度の問題であるとおもわれる。「なまの経験」を記述する際に、大森は実のところ、それを過去の経験にむすびつけていくのである。

『新視覚新論』は、かなり明確に、こうした方向に進んでいる。というのも、同書の中盤以降、明らかに大森の記述は、光速という物理的な問題を視覚の事例の中心におきながら、現在のみえとは過去のみえではないかという問いに応じていくのだから。

それは以下のようなものである。現在私が太陽をみているとき、みえている太陽は八分半前のものである。光の速度は規定されているので、視覚を考える際に、私には八分半前の太陽しかみることができない。三〇〇光年向こうの星で爆発が起こっているのがみえれば、それは三〇〇年前の爆発を今みているのである。だがそれ以外の仕方で三〇〇光年向こうの星がみえることはありえない。物理学徒大森にとって、さしあたり光の速度は決定的であり、またこれを越えるものはありえないのだから。

それゆえわれわれは、現在の知覚においてつねに過去をみていることになる。これは想起とは異なるが、大森は過去の想起も過去を過去のあるがままの姿においてみているとのべるのであるから、それらはクロスすることにもなる。過去の想起は過去を過去のままにみている。いわばそれと平行に、現在の知覚、われわれにとって一番「なまの経験」である知覚とは、過去そのものを現在のままにおいてみているということになるのである。

「前節での光行差の解釈は当然一般化されなければならない。われわれには光差（light-time）（一つの事件から発する光が観測者に達するまでの時間）だけさかのぼった事件が今現在見えている、と。簡単にいえば、今現在（光差だけの）過去が見えている、というのである。[12]」

大森はここで、「像」の存在を前提とした反論を想定し論を進めていく。今みえている太陽は八分半前の太陽なので、それは今あるものではない。たんに私には八分遅れの「像」がみえているだけなのであり、太陽はもはやそこにはないのではないかというのがその反論である。だが健全な常識では正当にもみえるこの反論に、大森が賛成することはない。鏡のなかの像が虚像ではなく、鏡のなかに映ったものとしてそこにあるという議論と平行的に、大森は、八分半前の過去にある太陽が今現在みえていると主張するのである。反論に従えば、われわれは「本物の」太陽をみていないということになる。だが、光より早い媒体は世界にはない以上、そうした反論をなすものが前提にしている「本物」などどこにもありはしない。われわれは八分半前の太陽そのものを今現在みているのであり、「なまの経験」において、それ以外のあり方はないのである。

「……「過去の事件が今現在見えている」ということを検討してみるならば、そこには何らの論理的矛盾も語義矛盾も見出すことはできないのに気付くだろう。それは、「過去の事件を今現在想起している」ということに何らの矛盾がないのと同様なのである。[13]」

かくして大森は、空間的な視覚を考える際に、つねに時間空間的な知覚、時間というファクターをひきうけた視覚を問題にしはじめる。それは視覚風景の時空透視構造として規定される。空間はそれ自身時間をはらんでいることになる。

ここで大森は、太陽や恒星という、光の届く長さが何分も、あるいは何年もかかるような事例をことさらにとりあげているのだが、当然それは視覚すべてにかかわることである。どんな近くのものであっても、それをみるという以上、光の速度は関連する。そこでは（いかに微細であれ）過去を今現在みているという以外のあり方はとれない。ようするに、ここでのべられる時間差は「なまの経験」の根本的な枠組みの議論なのである。

もちろんそれは想起そのもの問題とも、パラレルであるとはいえ異なっている。想起とは過去にあるものを過去にみることであり、知覚のヴァリアントにすぎない。想起は想起することもしないこともできる。しかし過去を現在においてみるというこのあり方は、視覚経験における「なまの経

（12）『新視覚新論』、一二五頁。
（13）同書、一二六頁。

験」そのものがそなえている絶対的な性格なのである。

大森は、これが視覚にかんする一般的議論であることを踏まえつつ、視覚の見透し線というテーマを、眼球、視神経、脳のなどを含めつつ論じていく。これは、「なまの経験」である視覚そのものが、時間的なずれを含むことをさらに問い詰めるものであり、およそ大森しか解明していない知覚論の位相を開いていく。

すなわち、視覚が神経系を通過する電気信号の伝達に依存した現象であるかぎり、そこにもまた不可避的に時間の差が介在してくる。どう考えても視神経や大脳はそれ自身厚みを帯びた物体だからである。しかしこうした不可避の時間差があるとはいえ、それを透明に通過していくことが、大森の視覚論のもっとも重要なポイントになるのである。

こうした考察ののちに大森は、「過去から現在に至る因果系列に加えて視覚風景があるのではない。その因果系列そのものの逆透視風景が視覚風景なのである[14]」と論じている。ここが大森の視覚論の、いわば最終地点なのではないだろうか。因果関係の逆透視として、無底の脳の方から過去の像が今現在みえていると大森は主張するのである。ここに彼の視覚論の根幹があるといる。

さらに大森は、こうした空間時間と、何かがみえていることとの連携性について、やはり「重ね描き」の手法をもちいながら、つぎのように語る。

「事物の言語は大まかにいえば、デカルトの幾何学——運動学の言語を骨格とする言語である。その最大の特徴の一つとしてそれは時空連言的（spatio-temporally conjunctive とでも訳せよう）である……ところが知覚風景の描写、例えば視覚風景の描写はその「透視構造」によって時空連言的ではないのである。[15]」

時空連言的であるとは、大森にいえば、時空的にむすびついている（逆透視されている）はずの世界が、物理の領域では、「その連結に言及することなしに完全に描写される」ことをさしている。それゆえある時空ブロックに分割したとき、それ自身の整合性においてすべてが記述できることになる。だが「透視構造」のなかにある知覚全体は、こうした事物言語で表現することはできない。「視覚風景はその透視構造からして空間的分割が不可能な一体構造なのである[16]」。それゆえ、大森は光の速度という物理学の世界からとってきた事例を組みこみながらも、これを物理学の言葉だけで語ることはできないというのである。[17] まさにこうした事物言語と知覚の世界は「一にして同一な世界を」ともに描写するものであり、それゆえただ物理学的にみれば奇妙な現象であれ、それはわれわれにとって「なまの体験」であることには変わりが無いことになる。それこそが大森のあみだした「過去透視構造」なのである。

(14) 同書、一八〇頁。
(15) 同書、一八一頁―一八二頁。
(16) 同書、一八二頁。
(17) 同書、一八二頁。

透視構造と身体のリアリティ

まとめよう。大森の透視構造の議論は、八分半前の太陽をモデルにしつつも、視覚すべてに関わるものである。視覚について考え、これを議論の中核におくのであれば、いつでも「遅れて」光が眼に到達することは、いかなる視覚においても該当するからである。そして大森が想起や想像や誤謬や鏡像を論じるとしても、それはこうした、現在である過去の知覚のヴァリアントでしかない。

ただ、われわれは通常、このようなほとんど微妙な差異を気にしない（もちろん太陽が八分半前のものだということも一切気にしない）。どうしてなのか。おそらく、物理学的な因果の言葉をつかっての逆透視をのべなければならないのは、物理学の言語でしか語れないパラドックスを感じとってしまう、大森のようなひとにおいてでしかないからだ。そこで、逆透視というおおがかりな説明が必要になる。しかしさらに奇妙なことに、大森の視覚論ではこれこそが、「なまの体験」として、すべての視覚を統べることになってもいる。逆透視そのものが、「なまの経験」として、大森の視覚論を根本的に規定するのである。

　つまり大森は、一見すると事物の言葉（物理言語）と日常の知覚をきりわけつつ、それらを「重ね描き」するという穏当な結論にいたっているようにみえるが、実際にはこの両者は切りわけられないことになる。われわれは過去しかみないのであるが、まさにそれが今現在なのであり、それ自身はいかんともしようがない。この議論そのものが、「重ね描き」からとりだされるパラドックスを思考の原体験として踏まえたうえで、それを「なまの経験」の探求に戻すもののようにみえる。

さて、この問題をここでは別の観点、すなわち大森の議論における触覚の不在という観点から検討してみたい。

『新視覚新論』は、バークリーをモデルとしながら、大森独自の考察をおこなったものである。経験論において通例なように、視覚そのもののなかで触覚の果たす役割は相当におおきいはずである。また痛みが疑いもなく私に固有の経験であることも、かなりの比重をもって書かれている。そして大森自身、バークリーが触覚を重視し、視覚と平行的に触覚を論じることについて、その交錯にいっそう踏みこむようにして、以下のようにのべてもいる。「しかしバークリィが見落としているのは、その視覚風景は体感的身体（図式）を包んで見えているということである[18]」。

そうであれば、大森自身が、触覚的身体とその位相を、みえることの総体性のなかでどう位置づけるのかは重要なテーマになりうるはずである。しかし大森は、実際のところ、必要とされる身体の実在性について、これ以上何かをのべることはない。痛みが現れるのが範型的な自己の身体の知覚においてであるとしても、視覚論のなかでは心としての痛みの「風景」が論じられるだけであり、身体的な触覚が「なまの経験」を構成することはないのである（きわめて面白いことに、『新視覚新論』をつうじて身体のリアリティがもっとも深く論じられるのは、光の物理学的問題における「眼球の厚み」

(18) 同書、二一〇頁。

という主題である。だがいうまでもなくこれは光学機械としての身体であり、その触覚的実在感を問うものではない）。

　これはおおきな問題をひき起こすとはいえないだろうか。触覚という主題には、もちろん神経系の伝達の処理が含まれるとしても、この主題自身においては、身体の触覚的実在性が重要であったはずである。だからこそ、痛いと感じる身体は、視覚空間のなかでどのように位置づけられたとしても、それ自身は距離ゼロにおいて定位されるものになる。そこでは光の速度と異なった視覚空間の定位がありうるのではないか。身体的触覚こそは、距離ゼロの空間的位相を、まさに視覚風景のなかにうみだすのだから。

　だが大森は、触覚と実在性の問題を理解しつつも、けっして自己の議論においてそこに踏みこんではいかない。なぜなのだろうか。

　それは、大森にとっての「なまの経験」は、どこまでいっても視覚のことであり、そこに「重ね描き」される物理言語の世界、そこに奇妙なかたちできいてくる「現在である過去」としての知覚の世界だったからであるといえる。とはいえ、大森的にみえているものと現実との関連を深く考察するならば、触覚的な感覚が視覚世界の考察においても距離ゼロの、すなわちまさに今現在であることを構成する点を踏まえることも必要ではないのだろうか。それは過去の逆透視という、光学的設定にしばられない世界描写を可能にするのだから。

　中島義道は、後期（この場合は東京大学退官後）の大森において、「立ち現れ一元論」が崩壊し「生き生きとした過去」の「作成」が全面にでる転回がなされたのは不可避であるとのべている[19]。後期の議論はここでは主題にはできないが、私には、大森の行程全体が、一貫して視覚的イマージュに限定した世界の叙述であり、そのかぎりにおいて「重ね描き」や「立ち現れ」が描かれたことの展開として、最後期の展開（中島がいうところの、生き生きとした過去の「制作」）もとらえられるのではないかとおもわれる。これらの議論において、触覚は本質的に問題となっていない。

別の方向からのべてみよう。たとえば大森は、他方では『物と心』のなかで、「永遠の現在」という実に西田的な表現を使用してもいる。[20]大森が、みえているものは過去の今現在の知覚ととらえる以上、そこには齟齬はない。とはいえ西田であれば、すべての経験が「永遠の今」（西田の表現）であることは、そこに身体が介在することで（身体の知覚ではなく、その直接的無媒介な実在性により）確保されるというだろう。後期西田における「制作」も、大森的な「言語的制作」ではなく、つねに身体をともなった「かたち」の制作なのである。それゆえ大森の「永遠の現在」は、西田的な「永遠の今」とある意味で同方向のものではあるが（その点において、立ち現れ一元論と純粋経験とはやはり親近性があるのだが）、大森の議論は、物理的言語を擁護しつつ、そこでのさまざまな重

---

(19) 先にものべたように、中島は、後期の議論の転回において、物理的時間の絶対視さえも疑うとのべているが、同時にそこでの物理的な原則の擁護がひきつづいていることも記述する（とりわけ同書一七〇頁以降）。中島の読みの鋭さはこうした過去の制作という、一見すると「物語的な歴史」という平板な哲学的議論に終わりがちなこの箇所に、中島的な独自の独我論的観念論のもつ「奈落」の徹底をみていたことにある。

(20) 『物と心』、一二一頁。

ね描きの多層性をそのまま提示するために、身体そのもののもつ重みが欠落した議論になっているのではないか。

もちろんこれが、大森を批判するポイントになるかといえば、それも答えるのは難しいだろう。身体性の無邪気な無視によって語られる知覚風景への自由な「重ね描き」をつらね、そこに物理的空間と光の速度の問題をいれこむグロテスクな議論こそが、大森の大森たるゆえんでもあるのだから。そこにみえることと触れることとが連関するゼロ点のような触覚をおかなかったのは、科学哲学者でありつづけ、空間的な視覚においてもその測定にあくまでもこだわった大森の性格ゆえであるのかもしれない。

もちろん大森の懐は深い。『物と心』における、いささか大森哲学からは逸脱した死や他我に比喩という方向からであれ接近する議論、また晩年の『時は流れず』における相当固有な時間論、また晩年に言語の制作という論点にやはり身体なしでとりくんだ方向性、これらもさらに深く探求されるべき主題であるだろう。だがそれらについてはここでは措き、大森の発想が、日本哲学のある種の定式に期せずしてかさなりながらも、科学哲学的な方向から「なまの経験」を突き詰め、そこでのグロテスクともいえる視覚空間の構成をきわただせた独自性を語るにとどめよう。

終章　日本哲学の多元性へ
――日本という千のプラトー

日本的なリゾームは pseudo-rhizome か

西田幾多郎における「述語論理」というテーマや、丸山真男における「なる」というモチーフをとりあげて、日本の思想を「リゾーム的」だと評することはありうることである。確かに、日本語という言語には、インドヨーロッパ語系のように、主語に対する述語という対置が表面的にはなく、主語は述語の出来事性に従属しているようにみえるからである。また丸山は『日本の思想』においても、基底としての「なる」という位相を強調し、非一神教的でアニミズム的な特性をとりあげもした。これを真にうけるのであれば、日本の思想と、ドゥルーズののべているリゾームや出来事性の思考とは、きわめて接近したものとなってしまうだろう。

だが上記の見解には、もちろん根強い批判がある。宇野邦一が丸山の思想をとりあげて偽リゾームとのべたように[1]、西田や丸山の思考が、一種のナショナリズム的な言説とうけとられる可能性は否定できない。それらは、リゾーム的なことをのべているようにみえながらも、その言説のもちいられ方は、無意識的に「日本」の「国民性」を主張するものととられがちであるからだ。日本的な「ライプニッツ症候群」批判（柄谷行人）にも根強いものがある。それらはリゾーム的な言説のようにみえつつも、強い「一」なる求心力が機能してしまう事情を蔽い隠すことに対しての警告であるだろう。

だが、ドゥルーズが日本という場面できわめて需要されやすいこと、この東方の島国が世界的にかなり巨大な「ドゥルーズ市場」であること、これとここで述べた事態とがかかわりももたないとはおもえない。この問いをとらえなおすためには、いくつかのポイントを押さえるべきであるようにみえる。

ひとつには、確かに日本的な文章の構造や、そのアニミズム的な思考の基底から、それをリゾーム的であるとみなすことには危険がある。上記の事情が強調されたのは、むしろ日本のナショナルなあり方が、西洋との対比のなかできわだってきた場面においてである。江戸時代の国学にせよ、京都学派にせよ、日本という場所の特異性をのべる言説は、そもそも中国もしくはヨーロッパという、対抗軸があらかじめ存在して語られるものにすぎない。その意味で、それは日本の特殊性を示すというよりも、そうした特殊性を外的に強要され、日本という単一性をつくりあげざるをえない場面で出現したものである。

もうひとつは、とはいえ、西田や丸山が、たんなるナショナリストではなく、ナショナルなものの枠組みを規定せざるをえない議論のなかで、西洋の論理をうけいれつつ彼らの思想を展開したことである。西田幾多郎の思想は、一九世紀から二〇世紀にかけての新カント派の微分論や生の哲学など、ドゥルーズの思考に連なるヨーロッパ思想におおきな影響をうけている。丸山にしても、オールド・リベラリストではあれ、思想的には左派の流れにはいりこみながら日本的な思考の本性を暴こうとしている。それは西洋的な視線を介した日本であるにほかならない。

前者は、いわば西洋との対比においてみいだせる日本だろう。そして後者はむしろ西欧のプリズムによって分析された日本だということになる。日本的なリゾームを考えるときには、それがつねに西洋（もしくは巨大帝国としての中国）の眼のもとにしかないということは銘記されるべきである、それ以外に日本的なものなどない。

だが逆に、たとえばドゥルーズのさまざまな装置とアジア的なもの一般とのかかわりは、それとして思考されるべきテーマではある。それに、アジア、とりわけ「東アジア的」な思考を非一神教的な思考として描くならば、すでに述べた「日本的」な特殊性もアジアの方向に解消されることになる。リゾーム的な日本とは、こうした二重の解体のうえになりたつべきではないか。日本語の述語性は、朝鮮語やシベリア諸語と関連する。日本の神話性は当然東南アジアにむすびつく。ドゥルーズと日本という議論をたてるときに、そこで日本があるアジア性のなかに解体されつつ、特殊なリゾーム性をになっていることに留意すべきである。

（1）二〇一三年の同氏のドゥルーズ・カンファレンス・アジア大会（台湾）での基調講演を念頭においている。

連鎖する島としての日本

そのとき、考えるべきは、「日本」という集団性とは何かということだろう。西田の、あるいは丸山の言説から「日本」の特性をみいだし批判するという仕方そのものが、むしろある意味で単一の日本という罠にひっかかっているのではないか。

もちろん「日本」とされる特定の集団性が、ある段階で、天皇制を軸に形成されてきたことは確かである。だがわれわれが日本をイメージするとき、その地理的存在そのものが、まさに環太平洋的な弧のなかに埋めこまれ、アジアの縁を形成していることはみすごされてしまう。日本が島国であると主張する者は数多い。だがその際に、日本は島国であるがゆえに孤立した文化をもつと語られてしまいがちになる。本当は、島国であるがゆえにその中心性も周辺性もかなり語りがたい存在こそが日本なのではないか。おそらくわれわれにとって必要なことは、日本独自の、弧として連鎖する島としての哲学地理学を、日本の哲学にかさねながらとらえていくことではないか。

網野善彦が、晩年に著した『「日本」とは何か（日本の歴史00）』（講談社、二〇〇〇年／講談社学術文庫、二〇〇八年）で示した、逆さ向きの日本の地図は、多くのことを教えてくれる。

網野のこの地図は、この書物では日本における「内海」の意義、とりわけ日本海がもつ海路の役割を強調するものである。そこでは畿内（京都）を中心に、街道によって整備された日本ではなく（それは、まさに京都自身が典型的にそうであるように、条里空間そのものである）、海というリゾーム的なルートと、そこでの人の流れ、物資の動きを明示するものでもある。

だがそれとは別に（とりわけ通常の日本人に対して）、この地図がみせてくれる二つのことがある。

一つは、列島としての日本が、どこかで区分できるものではなく、明らかにアリューシャン列島から千島列島を経るとともに、沖縄、台湾に向かって延長し、フィリピンにいたる環太平洋地帯の一部にすぎないということである。日本という島の群れは、どこかに明確な「境界」をもつものではない（あるいは無数の境界をもつだろう）。そこで日本は、北方（アリューシャン、アラスカ）とつながりつつも、南方（インドネシア、フィリピン、台湾）とも交叉する曖昧な領域を占めている。

それと同時にこれは、日本を構成する島々が、アジア大陸に対して、壁のような役割を果たしていることを示しもする。日本居住者があまり意識しないことであるが、日本を構成する島々の弧は異様なほど長い。環太平洋の弧であるその存在はまた、大陸と大洋を隔てるきわめて巨大な壁でもあるのである。そうであるかぎり、この地は、遠くアラビアや地中海世界から、中国大陸に向かってくる力が、環太平洋弧に到達する縁でもある。

おそらく日本の「特殊性」をのべるならば、北方と南方に延び拡がる力のライン（これは日本の文化のもっとも基底をなす古層を形成したのだろう）と、大陸からこの弧に到達する力のライン（これは国家概念をもたらし日本の天皇制を形成したラインである）がせめぎあう、ハイブリッドさに求めるしかない。

確かにこうした議論は、ただの二分法にみえるかもしれない。しかし、前者を古代的平滑、後者を国家的条里と、近似的にではあるが区分しうるこの二つの力線が、現在の日本を、曖昧なまま構

アジア諸国図

富山中心正距方位図

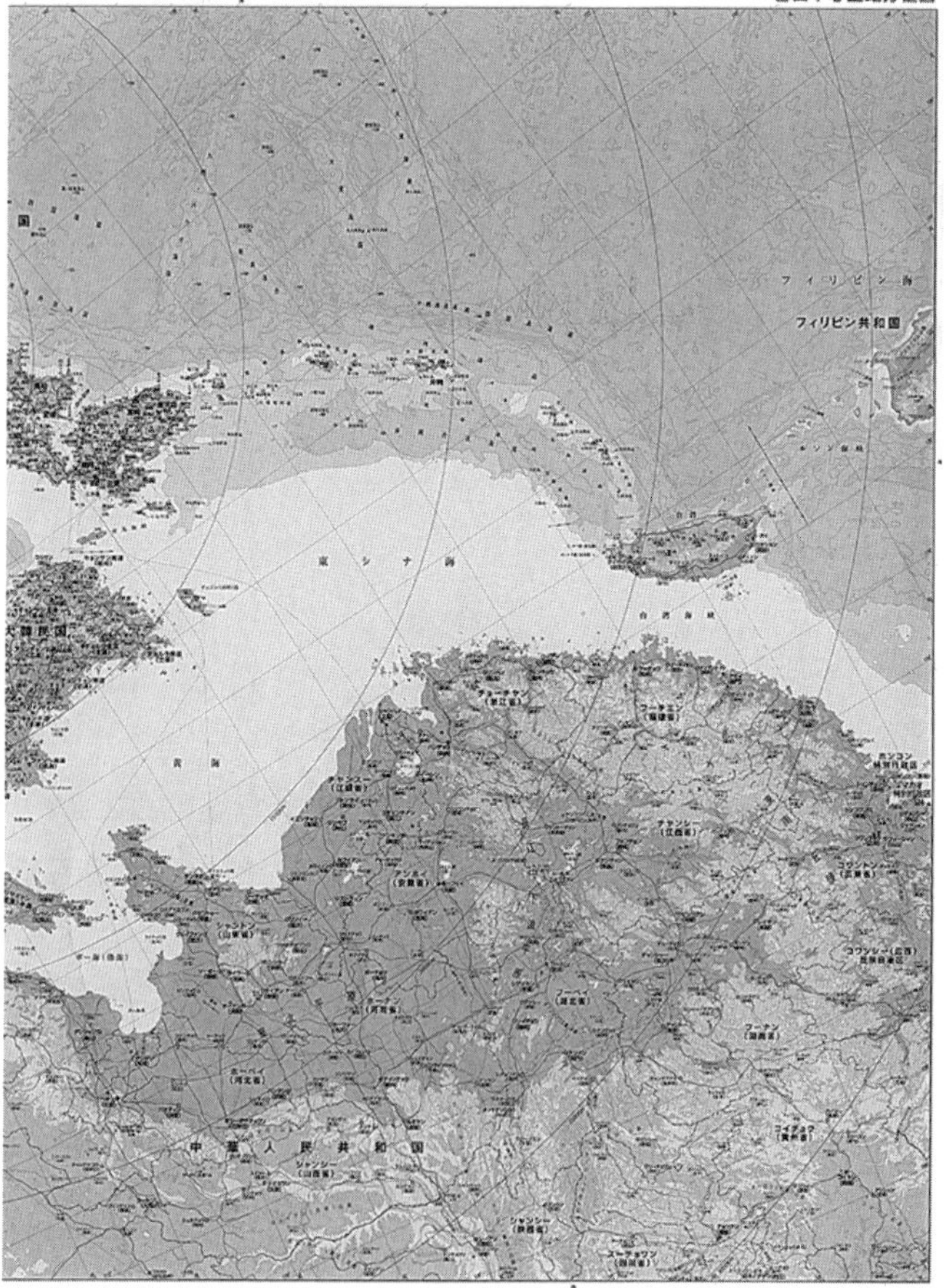

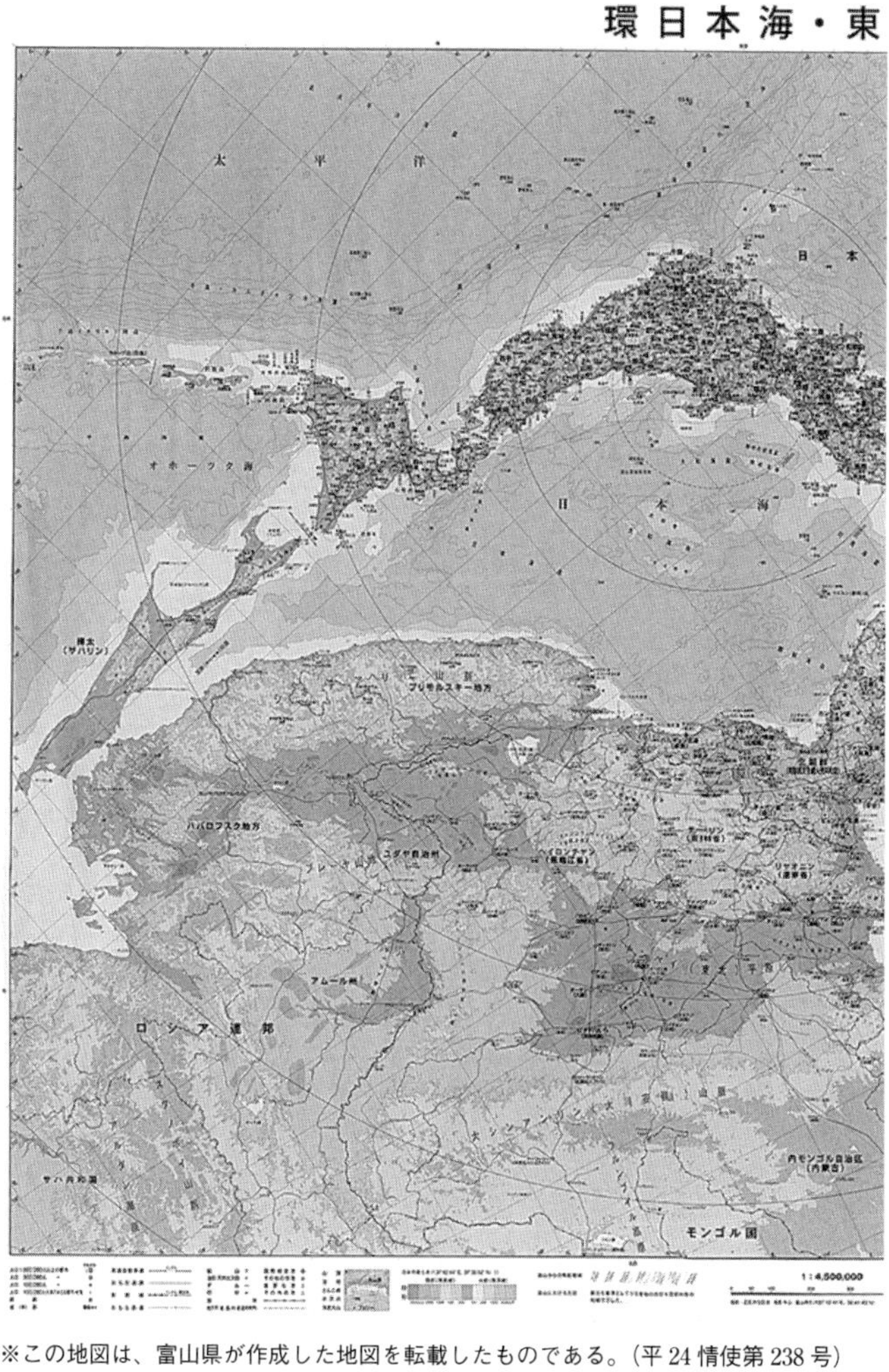

※この地図は、富山県が作成した地図を転載したものである。(平 24 情使第 238 号)

成する「プラトー」であることも確かである。

網野善彦と吉本隆明——海の道とハイパーイメージ

網野善彦は日本の歴史学者であり、アナール学派などの影響をうけながら日本にかんする独特の思考をうちたてた。『無縁・公界・楽——日本中世の自由と平和』(平凡社、一九七八年/平凡社ライブラリー増補版、一九九六年)を主著とする彼の歴史理論は、ほぼ五世紀に成立したとおもわれるヤマトとしての日本という「国家」の「周辺」にあり、歴史学的な探究から排除されてきたマージナルな存在に、とりわけ日本中世史の視点から光をあて、七〇年代以降の日本の思想におおきな影響を与えた。それらのマージナルな存在は、いわば条里空間のように土地を支配する国家に対し、流体のように移動するものでありながら、その膨大ともいえる交易力によって、一面では国家が存立する条件をなしてもいる。商人(楽を形成したもの)、遊女たち、宗教的な移動者たちがその代表である。天皇制的な日本の国家は、米を中心とした農業生産と徴税(日本の米の収穫は多くはまさに形態的にも条里的な田圃の存在によってなされる。そのシステムはおおきくは八世紀には成立していた。天皇は徹頭徹尾、稲作の神として存在する)に依存するならば、こうしたマージナルな存在は、国家という装置の外部にある平滑的なものである。ただ、ドゥルーズ＝ガタリの条里と平滑にもそうした側面があるように、マージナルなものはたんにマージナルな外部ではない。網野が明言することは、そうしたマージナルな存在者は、ある種のノマドとして国家の外部に浮遊しながらも、同時に国家が存在するために必要な事項としてとらえうることである。

その際にきわめて重要であるのは海の存在である。日本におけるノマドは、砂漠の民ではなく、もう一つの砂漠である海の上の交通によって、さまざまな交易をなす民だったのである。

日本は島国という根本的な地理的制約があるので、日本という国家の存立は海を基本にしなくては語れない。だが日本における海の民は、米作の農耕からなる国家が把捉することが不可能な動きをつねになしてしまう。

米の生産において重要であるのは平野である。だが実のところ日本において、平野面積はそれほどおおくはない。なおかつ代表的な平野は、中世以降大都市に変容してしまっていく傾向がある。小規模の平野とそれをつなぐ陸路が、天皇制的な条里を形成していた。山岳と海はそれからのがれている。とりわけ網野が『「日本」とは何か』でとりあげるのは海路の存在である。

天皇制から独立する傾向をそなえた自治権をもった自由交易都市が、大阪南部の堺に形成されたのみならず、物資の輸送において、海の上のルートは、陸上ルートよりはるかに多くの交易を可能にする。ある一定の能力をもった船団の形成は、まったく統括不可能な動きをなしていくノマド的なものになる。日本の中世では、海賊集団は倭寇とよばれ、東南アジアまで向かっていた。漁民が、北方への移動においては、現在のバンクーバーあたりまで移動することはしばしばありえたとされる。こうした海のノマドは、天皇制に回収されることのない島国のノマドである。こうした海の民は、天皇制的な統治が描く日本国家の図版とはまったくことなった力線を海の上に流れとして示していく。

吉本隆明は、柳田国男の海の民の議論をひきうけることによって、同種のことをのべている。吉本は晩年には「南島論」を構想し、沖縄への視線を明確なものとしているのである。

マルクス主義的な立場をとりつつも、制度的左翼に対する厳しい批判を軸に政治的な発言をなし、他方では文芸批評を思想の領域にまで昇華させた吉本隆明は（ミシェル・フーコーが来日したときのマルクス主義を巡る対談が、フーコーの *Dites et écrits* に所収されている〔『思考集成 七巻』筑摩書房〕）、独自の天皇制批判をおこなうなかで『古事記』『日本書紀』といった古典書を分析し、日本の国家の成立基底を思考しつつ（『共同幻想論』一九六八年）、同時に日本語で描かれた最初期の文芸の検討をなし（『初期歌謡論』一九七七年）、基本の土着性に被さった大陸的な様相を示す天皇制の成立起源をたどっている。さらに八〇年代以降の吉本は、柳田國男の民俗学や、ランドサット衛星によって示される「上空俯瞰」が描きだす日本の列島性を『ハイ・イメージ論』シリーズ（一九八九―九四年）において検討し、海という反国家的な力線をさまざまに検討している。たとえば、周知のことでもあるが、日本における天皇の起源神話である古事記は、神話的な要素としては南方アジア的なものが数多く含まれる。日本の創世神話自身が、大陸的要素と、南方的要素との交錯をなしているのである。

その吉本が、晩年において強く提示しだしたのは、南島についての思考である。沖縄という日本の異境（そもそもこの南の列島は、半独立国としての琉球王国として、中国と日本のその時々の政権のあいだで微妙な位置をしめしていた）に焦点をさだめて、「南島論」を構想した。結果的にはその試みは断片的に終わったが、吉本のなしたことは、柳田や網野とともに、日本という境界性の曖昧さとその多層性を示すものだといえる。

吉本の議論は、現在ではすでにもっと精緻化されているが、衛星からみた環太平洋領域の列島のイメージに、言語学や生物学的分析をかさねあわせ、日本人なるものの生物学的プラトーをあぶりだし、天皇制に収斂しないその分散性をとりあげるものである。沖縄の南方諸島に残存するＤＮＡや言語は、日本列島でいえば、東北地方、すなわち相当に離れた北方にむすびつく。また言語的にいえば、南方の海流によって交流がおこなわれていた四国南部、近畿南部、関東南部の漁村地域が、言語的にも人種的にも連関をもち、この流れが、柳田も指摘するようにフィリピンからも続く一連の文化の流れを形成している。京都を中心とする天皇制にとっては、こうした海のリゾームは、統治しきれないものでありつつ、その基盤でもあったのである。しかし一九世紀的なヨーロッパの侵入で、近代帝国化した日本は、このラインを分断してしまった。近代以降の日本人は、天皇制そのものが含むいくつものプラトーを内にとりこむか、差別的に押し隠すことによって、それ自身の「シニフィアン的単一性」をつくりあげてきたのである。

さて、西田の「述語論理」や、丸山の「なる」という発想は、先にのべたように、リゾーム的な多様性を認めるように見せかけつつ、それを疑似リゾームとして機能させることにより、日本という「単一のシニフィアン」を強化させる方向にも読みうるものであった。それは一面ではそうだろう。しかしそれはむしろ彼らがきわめてヨーロッパ的な意識のなかで（繰り返すが京都学派は新カント派、生の哲学、ドイツ観念論による形成物であるし、丸山は明確なヨーロッパ的民主主義者である）日本を語ったために、不可避的にそうなっただけのことではないのだろうか。むしろ彼ら自身が試みることはなかった、古層の哲学地理学がそこにはいりこむべきではないのだろうか。

日本は大陸島なのか無人島なのか

さて、日本という大陸弧としての島を、ドゥルーズの「島」を巡る議論とむすびつけたい。そこでは何が語られうるのだろうか。

周知のように、ドゥルーズが「無人島」や、あるいは『差異と反復』などで語っている島の議論は、簡潔な二分法によっている。そこで島はあくまでも大陸に従属する「大陸島」と、そこから孤立した「大洋島」に区分され、両者における島の形成、後者における孤独と孤立は、『意味の論理学』の補遺をなすミシェル・トゥルニエ論などともかかわりつつ、ドゥルーズの思考の重要なテーマをなしている。

日本は、常識的にみれば大洋島ではなく大陸島である。しかしこの環太平洋の弧をなす島は、列島というあり方が示すように、海というリゾームを十分に利用しつつ連鎖する島であることによって、孤立もしなければ従属するものでもない。日本はけっして孤立した島、他者が不在になり、それ自身がスキゾフレニックな空間としてたちあがる孤独な島ではない。

もちろん、日本が「公式」に「閉じる」ことはあった。中世の平安期、封建時代の終わりの江戸期には、日本は公的に大陸との交流を禁止した。そのときの日本は、いわばハイブリッドな国の内部を、その多層性ありのままに「単一のシニフィアン」に仕たてあげていったのである。この時期の日本を、単一でありつつ、多層的な、抑圧されたリゾームとして描くことは可能かもしれない。しかしそこでは、網野がのべる海民の活動は無視されている。それを禁止する能力はいかなる政権にもなかった。それゆえこのあり方は「大洋島」にはならない。おそらくはシニフィアンの中心をなす中央政権が閉ざす力に対して、海の民はそれに従属しない仕方で、さまざまな流れのなかにあったからだ。

だが連鎖する島は大陸島でもない。それがつねに大陸勢力や、一六世紀にはポルトガルやスペインによるグローバル化の強いむすびつきにあったとしても、日本は地理哲学的に、大陸に従属するものではないからだ。この列島は、海というリゾームのなかにあり、大陸のシニフィアンをつねにうけとめつつ、そこでのリゾームの力を張り巡らせるものである。国家を含みつつも、連鎖する列島からなる日本という島そのものが、海のリゾームに適合した島なのである。

同時にわれわれは、自然地理学にもこだわる必要がある。ドゥルーズは、無人島が大陸から離れた孤島であることや、そこに生きる人間が他者を欠く孤独なスキゾフレニーであることを端的に島の造山活動に連関させている。『差異と反復』第四章末尾でのドラマ化の運動の記述は島の生成とその運動を、細胞の行動、人間の性的行動、心的行動にまで拡大させてむすびつけている。島が形成されることと、個体が成立していくこと。自然の運動と人間の運動。この交錯を描いている部分がドゥルーズにはある。

連鎖する弧である日本は、そこにつながるさまざまな力線の交流点であるとともに、実際にはさまざまな地質学的プラトーの交流点でもある。日本は、火山と地震の国であり、それはいうまでもなくさまざまな地理的プラトーが交錯する地点にあるからである。日本の象徴である富士山は、最低限三つのプレートの交叉点に位置する。日本というシニフィアンを単一なものとして表象する富士山が、まさに複数のプレートが錯綜する〈隙間〉以外の何ものでもなにのである。

島の造山運動と、人間の活動、そこでの構想力との関連、心的ドラマのむすびつき、それは生態学的な人間とその成立にもおりかさなる根源的な Einbildungskraft = imagination の作用であり、この土地が何であるかを生態 - 地理的に規定するものである。

それであれば、自然のプラトーがおりかさなり、それがゆえに成立する「列島」としての日本は、大陸島でも大洋島でもなく、弧としての連鎖島として、独自の仕方で島の様態を規定するのではないか。地質学的なプラトーのかさなり、とりまく平滑空間としての海、そしてそこで交易される非従属的な流れとその統治、これが、日本という島に独特な、無人のスキゾフレニーではない別種のハイブリディティの形態をつくりあげているのではないのか。孤独とは逆方向の、無数のリゾームがからみあうものとしての、日本的スキゾフレニアを探すこと。

あとがき

「日本哲学」なるものを声高に主張することに、ある種の忌避感が付着していた時期があった。ここでは主題化してはいないが、中村雄二郎の西田論や、ほかの坂部の著作などをみると、そうした忌避感に対する慎重な姿勢がうかがえる。日本哲学が、西田を中心とした京都学派という特定の集団の専有物のようにおもわれがちであった点（とはいえ当初から、それが単一の集団であったためしもないのだが）、とりわけ戦後の社会で、戦時期にそれがそなえていた政治性が問題にされたこと（ただ、いわゆる西田派からも、三木や戸坂はいうにおよばず、多くの反ファシストや左翼が輩出されている）、これらがその理由であることは容易に理解できる。またこうした問題、たとえば西田の思想の政治性を巡る喧々囂々とつづく議論に、まったく無頓着であっていいとは私もおもわない。それはそれで、とらえなおすべき主題だろう。

とはいえ、西田の書いたものそのものを考えることも大切だ（哲学と政治性が関係ないなどというのではない。哲学を徹底してみないと、その本当の政治性などわかるはずもないといいたいのである）。私には西田の文章は、普通の人間の書く文章とはとてもおもえない（同様の感想は、石川県かほく市の、安藤忠雄が設計した二代目の西田記念館で、西田の肉筆原稿をみたり録音音声を聞いたりすれば、さらに強化されるだろう。所謂「書」の字ではない「原稿」の西田の文字は、どこか子どもじみた角張ったものであり、その肉声は、恐ろしく甲高く早口である)。この人が、相当にデモーニッシュな人間であったことはいろいろと伝えられている。そもそも創造的な哲学者が、デモーニッシュな人間である以外のことはありえない。私は西田の文章を読むと、どこか精神という以上に身体的な酔いすらを感じてしまう。西田及び西田派を嫌悪する人間は、この酔いを、非合理主義の危うさとして斥けるのだろう。私も、その立場はその立場としてよく理解できる。だが繰り返すが、徹底した思考が、常識や良識から心身をも逸脱させる酔いをそなえないことはありえないとおもう。そして西田のもつ酔いは、実際私には心地よい。

この酔いは、現在という瞬間の垂直の「深さ」を、どうしようもなく表現する際に必須なものであったようにおもわれるのである。その意味で、私にとって西田の最良の時期は、場所論以降、最後期以前にある。そして和辻や木村敏が「あいだ」と称したもの、九鬼が偶然性という主題において、坂部が仮面のテーマにおいてこだわっていたものとは、こうした現在性の深さこそにかかわるとおもわれるのである。さらにその残響は、確実に(西田の酔いを嫌悪する)廣松や大森にさえ響いているとおもう。

もちろんそれは、ヨーロッパの思考を一巡りしたあとでの、間接的な残響なのかもしれない。大森が西田を悪性の形而上学的「ウィルス」と評したことはよく理解できる。だが彼らが自己も他者もない、あいだの不思議さを問い詰めたことは、それぞれの思想的背景(マッハであれバークレーであれ）はともあれ、日本における哲学の可能性において西田とつながってしまう。西田には何かが憑依しているのだ。繰り返すが、それは本文中でも主題化したような田邊の批判を導くものでもあるだろう。大森が「悪性ウィルス」と呼ぶものでもあるだろう。だがものを書くとき（それが哲学であればなおさら）この憑依から逃れることは誰にもできない。そして西田にある種の特権性を語ることができるとすれば、それは西田における憑依が、あまりに愚直で素直なものであり、典型的なものであったからではないだろうか。

ここから先の考察は、後に書かれるべき著作に譲りたいが、こうした事情が何に由来するのかを問うことは、さらなる議論のポイントとなるだろう。識者たちは、右派であれ左派であれ、日本の近代化や世界帝国化、その内部での同化と抵抗、戦後のさまざまな流派との連携において、ことを語りがちである。あるいは、西田も坂部も中村も大森も強調するように、言語としての日本語（西田的な「包むもの」の構造をもったそれ、あるいは時枝文法的なそれ）を過大にとらえがちである。だが私は、二一世紀の現在時点での、押しとどめられないアングロサクソン・グローバル化のなかで、日本や日本哲学をみる視座そのものをもう一度変更すべきではないかとおもっている。そこでせりあがってくるのは、日本の生態系という観点である。日本語のシステムも、そこでとらえられるべき日本という生態系。

近代以降の哲学者は、こうした思考の自然性に、どこかで目をふさごうとしてきた。実は西田自身も一面ではそうである。彼の哲学は、普通想像されているように、東洋哲学的なものでまったく「ない」。それはむしろプラグマティズム、ベルクソン、新カント派、ヘーゲル、ハイデガー、ライプニッツなどの思考のモザイクのようであり、きわめてモダンな構築物である。いわばそれ自身が「日本」への「抵抗」以外の何ものでもない。そして日本的なものを探求するかのような和辻や九鬼にしても、深く西洋的な思考との接触の結果としてしか、それを提示しえない。もちろん彼らはヨーロッパの光のものとでの「想像の共同体」としての日本をつくりあげたのかもしれない。だがまた逆に、それがゆえに、同時に「日本」を構築するための深部をすかしだしてもいる。希望はそこにあるのではないか。

この先になされるべきことは、こうした「想像の共同体」たる近代日本（それはヨーロッパの視線の産物でしかない）を越え、それを支えているであろう「想像以前」の「非共同体」たる日本の提示である。それが、最終章で描かれたような「海」の日本に向かうべきか、吉本隆明が示したような南島論へとおもむくべきか、端的な古層としての日本を掘りさげるべきか、それはわからないし、私自身の目処もたっていない。だが「拡散する京都学派」として、いわゆるアカデミズム哲学のなかでの「日本哲学」の水脈を辿ったこの探求の先にとらえられるべきものは、京都学派そのものを多層的に縦断・横断している深さと切断における別の日本である。それはすでに、「アカデミズム」の枠内での「日本哲学」からも、とりわけ西田の、何者かに憑依されたかのような文体からも、はみだしていくものであるはずだ。

本書をまとめるうえで、企画の段階から本当に何年も（最初の構想からすれば、ほぼ十年近く）お待たせしてしまった人文書院の松岡隆浩さんに、まずは深く感謝します。そして本書に所収の原稿を執筆する機会を与えていただいた岩波書店『思想』編集長（当時、現在講談社）の互盛央さん、河合文化研究所や京都大学日本哲学講座関係の方がたにも厚くお礼もうしあげます。この本は序文にすぎないと考えております。その意味で、これからも、けっして滞ることなく、西田の直観と深みを、本来のリゾーム的な意味において、どこにも統合することなきあり方でひきうける試みを、自分自身でもおこなっていければとおもう次第です。

二〇一五年二月二三日

檜垣　立哉

初出一覧

第一章　西田幾多郎と日本哲学（書き下ろし）
第二章「種の論理」における「種」とは何か（『思想』二〇一二年一月、岩波書店）
第三章　田邊元とマラルメ（日本哲学史フォーラム編『日本の哲学』一五号、昭和堂、二〇一四年）
第四章　和辻哲郎と二人共同体について（『思想』二〇一二年九月、岩波書店）
第五章　三木清の技術論（檜垣編『ロボット・身体・テクノロジー』大阪大学出版会、二〇一三年）
第六章　日本哲学史のなかの廣松渉（『思想』二〇一二年一二月、岩波書店）
第七章　生命論的差異について（野間俊一編『いのちと病い』創元社、二〇一二年）
補論　賭博の時間（木村敏・野間俊一編『空間と時間の病理』河合文化教育研究所、二〇一一年）
第八章　坂部恵と西田哲学（日仏哲学会『フランス哲学・思想研究』一七号、二〇一二年）
第九章　大森荘蔵と立ち現れの「場所」（書き下ろし）
終章　日本哲学の多元性へ（書き下ろし。ドゥルーズ・カンファレンス・アジア［二〇一四年　於：大阪大学］での発表に基づく）

著者略歴

檜垣立哉（ひがき　たつや）

1964年埼玉県生まれ。東京大学大学院人文科学研究科博士課程中途退学。現在、大阪大学大学院人間科学研究科教授。博士（文学）。専攻はフランス哲学・日本哲学。

著書に、『哲学者、競馬場へ行く』（青土社）、『子供の哲学』（講談社選書メチエ）、『ヴィータ・テクニカ　生命と技術の哲学』（青土社）、『生権力論の現在』（編著、勁草書房）、『西田幾多郎の生命哲学』（講談社学術文庫）、『瞬間と永遠　ジル・ドゥルーズの時間論』（岩波書店）、『フーコー講義』（河出ブックス）、『ドゥルーズ入門』（ちくま新書）、『賭博／偶然の哲学』（河出書房新社）、『ドゥルーズ／ガタリの現在』（共編、平凡社）、『生命と現実　木村敏との対話』（河出書房新社）、『生と権力の哲学』（ちくま新書）、『ドゥルーズ　解けない問いを生きる』（NHK出版）、『ベルクソンの哲学』（勁草書房）など。

訳書に、N・ローズ『生そのものの政治』（監訳、法政大学出版局）、L・ベルサーニ＋A・フィリップス『親密性』（共訳、洛北出版）、H・ラパポート『ハイデッガーとデリダ』（共訳、法政大学出版局）、J・L・マリオンほか編『現象学と形而上学』共訳、法政大学出版局）など。

日本哲学原論序説
——拡散する京都学派

二〇一五年　五月二〇日　初版第一刷印刷
二〇一五年　五月三〇日　初版第一刷発行

著　者　檜垣立哉
発行者　渡辺博史
発行所　人文書院
〒六一二‐八四四七
京都市伏見区竹田西内畑町九
電話　〇七五(六〇三)一三四四
振替　〇一〇〇〇‐八‐一一〇三

印刷　創栄図書印刷株式会社
製本　坂井製本所
装丁　間村俊一

JIMBUN SHOIN　Ptinted in Japan
ISBN978-4-409-04107-9　C0010

書名	副題	著者	判型・頁数	価格
メルロ＝ポンティと病理の現象学		澤田哲生	四六上三三六頁	価格三八〇〇円
ジル・ドゥルーズの哲学	超越論的経験論の生成と構造	山森裕毅	四六上三八二頁	価格三八〇〇円
カリブ－世界論	植民地主義に抗う複数の場所と歴史	中村隆之	四六上四四〇頁	価格四〇〇〇円
いくつもの声	ガヤトリ・C・スピヴァク日本講演集	星野俊也編　本橋哲也・篠原雅武訳	四六上一五〇頁	価格一八〇〇円
フーコーの美学	生と芸術のあいだで	武田宙也	四六上三一六頁	価格三八〇〇円
制御と社会	欲望と権力のテクノロジー	北野圭介	四六並三七〇頁	価格三〇〇〇円
沖縄闘争の時代1960／70	分断を乗り越える思想と実践	大野光明	四六上三四〇頁	価格三八〇〇円
思想としてのミュージアム	ものと空間のメディア論	村田麻里子	四六上二九〇頁	価格三二〇〇円

(2015年5月現在、税抜)